新中國極簡史

1949－2019 的年度故事

陳　晉　著

開明書店

編 者 的 話　　　——————→

本書為新中國成立 70 周年的極簡史。

全書以編年體為形式，以年份主題詞為切入點，以講故事、述歷史為敍述方式，全景式描繪新中國成立 70 周年的偉大歷程。

書中突出體現中國共產黨領導中國人民建設中國特色社會主義國家的偉大功績，生動展現了 70 年來中國社會翻天覆地的發展變化，尤其是對近七年來取得的歷史性成就，給予了濃墨重彩的描寫。

本書運用大量鮮活生動的事例和細節，印證和說明新中國建設、發展的內在邏輯和歷史必然。

作者長期從事中共黨史和中共領袖人物的研究，披閱大量一手資料，對把握新中國 70 年的歷史進程和發展走向，具有視野宏闊、評議精到、敍說得當的獨特優勢。

全書角度新穎獨到，形式生動活潑。作者打破常規述史的既定模式，通過個性化的表述，具有強烈的代入感、參與性和感染力。

本書是近年來中共黨史研究的一部不可多得的生動讀物。

目錄

1949 年
和歷史約會

　　1949 年，世界上誕生了好幾個新的國家。英國被迫承認愛爾蘭共和國完全獨立；印度尼西亞正式脫離荷蘭殖民者的統治，成立了印尼聯邦共和國；冷戰格局下，人們習慣上稱為西德、東德的德意志聯邦共和國和德意志民主共和國，先後成立。對五千年文明延續不斷的中國來說，不用說，這年最大的事件是中華人民共和國的誕生。這些新國家的名稱，都有「共和國」三個字。

　　在中國，走向人民共和國的步伐，曾經邁得格外沉重，當1949 年到來時，似乎又邁得格外迅速。

　　新年第一天，無論你在什麼地方，屬於什麼階層，都會明顯地意識到，大變局到來了。

　　這天，人們從收音機裏聽到或從報紙上看到一篇《新年文

告》，署名的是國民政府總統蔣介石。他掌握這個國家的最高權力已經 22 年了。在這篇元旦文告裏，他承認「戡亂」失敗，願意向已經解放長江以北大片領土的中國共產黨「求和」，但條件是保存現行的憲法，保存「中華民國」的法統，保存國民黨的軍隊，否則，國民政府勢必「周旋到底」。

這天，中國共產黨主席毛澤東也發表了一篇新年獻詞，題目是《將革命進行到底》。這篇文告很有信心地宣佈：迎面而來的 1949 年，將是歷史上極其重要的一年，人民的解放戰爭將在這一年獲得最後勝利，並且將在全國範圍內建立一個人民民主專政的共和國。毛澤東還說，甚至連共產黨的敵人，也不懷疑共產黨能夠完成這個目標。

果然，1 月還沒有結束，故都北平就換了顏色。國民黨軍隊華北「剿匪」總司令傅作義將軍，率幾十萬部隊宣佈和平起義，接受共產黨的改編。2 月 3 日，人民解放軍在北平舉行盛大的入城式。部隊分別從永定門和西直門進城，整整走了六個小時。沿途歡迎的人群揮動着小旗，一些青年人跟着坦克跑，往上面貼標語，有的乾脆就跳到了坦克上面歡呼。更多的人則扭起了秧歌，唱起了「解放區的天，是明朗的天」。

那時候，如果你是生活在北方的農民，體會這場歷史巨變的焦點，應該是土地。東北哈爾濱靠山屯的農民給遠在河北省平山縣西柏坡村的毛澤東寫了這樣一封信：「這回我們都翻身啦，分了地，眼看到冬天了，你那裏很冷吧？給你捎去一件

皮大氅，一雙靴子……」這封信至今還保存在西柏坡革命紀念館裏。

那時候，如果你是生活在國統區的民眾，情緒會更加複雜，有期待，有觀望，有痛苦，有彷徨，有不甘，有抗爭。2月間，上海的通貨膨脹已達到最高峰，金圓券如同廢紙。如果要買東西，就得用麻袋或網兜裝錢，還要一路狂奔，因為稍一遲緩，手裏的鈔票又要貶值許多。5月27日，解放軍開進了上海。第二天早上，一位年輕人打開自家大門，看到進城的人民解放軍睡在馬路邊上，不禁感歎：「看來，國民黨再也回不來了。」這個年輕人就是民族資本家中的標誌性人物榮毅仁。幾十年後，他成了新中國的國家副主席。

那時候，如果你是人民解放軍的一名軍官或士兵，你談論得最多的一句話，會是上級傳達的那個口號：打過長江去，解放全中國。1月10日淮海戰役結束，1月31日平津戰役結束。此後，人民解放軍開始在全國範圍內呈現出勢如破竹的氣勢。4月，解放軍突破國民黨軍隊的千里防線，取得渡江戰役的勝利，攻佔國民政府首都南京。接着，人民解放軍先後向華東、中南、西南和西北大進軍。席捲一切的大進軍，是1949年大變局的軍事神韻。

大變局的政治神韻，是在河北省平山縣西柏坡這個普通而寧靜的小山村裏綻放出來的。解放戰爭的炮聲還沒有停歇下來，中國共產黨人便在它的最後一個農村指揮部裏，勾畫起新

中國的藍圖。

3月，在中央機關的大食堂裏召開了中共七屆二中全會，34個中央委員和19個中央候補委員坐的凳子，都是臨時湊起來的。毛澤東在會上說：革命的勝利，只是萬里長征走完了第一步，只是一齣歷史長劇中一個短小的序幕。從現在起，開始了由鄉村到城市並由城市領導鄉村的時期，必須用極大的努力去學會管理城市和建設城市。他還充滿信心地宣告：我們不但善於破壞一個舊世界，我們還將善於建設一個新世界。

對蔣介石來說，1949年來得格外痛心和痛苦。1月21日他在南京宣告「引退」，理由是「因故不能視事」，把總統權力交給了來自廣西的副總統李宗仁代理。乘飛機離開南京時，蔣介石特意讓飛行員繞着南京古城飛了一圈。「無限江山，別時容易見時難。」他心裏非常清楚，大陸政權的更迭已不可避免。

其實，蔣介石身邊的不少人也失去了信心。就在蔣介石「引退」20天後，他的結拜兄弟、當了20年國民政府考試院院長的戴季陶，吞食大量的安眠藥告別了「黨國」。在此之前，蔣介石的幕僚長、總統府國策顧問陳布雷即已先行一步。陳布雷和戴季陶，一個被稱為「領袖文膽」和「國民黨的第一支筆」，一個被稱為蔣介石的「第一謀士」和國民黨內的大理論家。陳布雷自殺前的最後一句話是「讓我安靜些」，戴季陶得知陳布雷自殺後，曾痛哭道：「我的心已死了。」

在安排後路時，蔣介石在南京宋子文的公館舉行了一次特

別的宴會，邀請大部分剛剛由國民政府中央研究院評選出來的院士，勸說他們一起到台灣去。誰都知道，比黃金更值錢的是人才。但是，人心可不像黃金那樣容易被默然搬走。當時的國民政府中央研究院院士、數學家蘇步青後來回憶說：「雖然對共產黨沒什麼認識，對國民黨是看透了的，再加上我有幾個學生是地下黨員，在他們的幫助下，我當然不會到台灣去。」結果，81 名院士中，除了一些人選擇了海外，只有 9 位去了台灣，留在大陸的有 60 人。

8 月 28 日，被國民黨稱為「國父」的孫中山先生的夫人宋慶齡，乘坐火車到達北平前門車站的時候，她沒有想到的是，毛澤東、劉少奇、朱德、周恩來等中共的主要領導人，早已在那裏等候，毛澤東還親自上車迎她下車。這種禮遇，是毛澤東對中共的任何領導人都不曾有過的。此前，毛澤東兩次寫信，邀請她北上共商建國大計，又派鄧穎超專程南下迎接。

宋慶齡到北京時，匯聚北平的各界精英名流中，有 1898 年戊戌變法的維新志士張元濟，1911 年引發武昌起義的四川保路運動領導人張瀾，民國年間有代表性的政治家、企業家、軍事家、教育家和文化人，更比比皆是。資歷最深的歷史名人，要數年屆 92 歲的洋務運動代表人物、以北洋水師副將之職參加過甲午海戰的薩鎮冰了。他此前拒絕了蔣介石要他到台灣的邀請，並在福州人民歡迎解放軍的文告上欣然簽名。因年事太高，不便北來，遂賦詩明志：「歲在耄年聞喜訊，壯心忘卻鬢如

絲」,「群英建國共乘時,此日功成舉世知」。這些建國「群英」,
挾帶近代歷史上的各種音符,參加歷史的約會,出席醞釀已久
的各黨派和人民團體參加的政治協商籌備會議,共商建國大計。

1949 年 6 月,在北平城中南海勤政殿開幕的政協籌備會,
有 23 個黨派團體的 134 名代表參加。會議的任務是擬定參加政
協的單位及其名額,起草具有臨時憲法性質的《共同綱領》和
新政協組織條例,制定評選國名、國旗和國歌方案等。總之是
要把所有開國的一些大政方針草案準備好,拿到正式會議上去
通過。為了區別於 1946 年國民黨主導召開的那次政協會議,人
們通常把 1949 年 6 月到 9 月的這次會議叫做新政協,後來叫第
一屆中國人民政治協商會議。那時沒有條件召開全國人民代表
會議,中國人民政治協商會議事實上是國家的最高權力機構。

一個新的國家就要加入世界的「戶籍」當中了,人們開始
琢磨為它取個什麼名字。考慮到不少民主人士對孫中山創立的
「中華民國」還有感情,中國共產黨人周恩來建議,在新的國名
後面加一個括號,裏面寫上「中華民國」,意思是「中華人民共
和國」也可簡稱「中華民國」。為此,周恩來專門邀請一些參加
過辛亥革命的老前輩徵求意見。從保存下來的新政協檔案裏,
人們發現,中國致公黨創始人、年過七旬的司徒美堂老人,表
示不同意,他說自己十分尊重孫中山先生,但對於「中華民國」
這四個字則絕無好感,因為它與民無涉。他希望光明正大地用
「中華人民共和國」。

在討論和修改《共同綱領》草案時，那可真叫字斟句酌。關於新國家的性質，開始有人提議直接提社會主義，多數人還是覺得提新民主主義的好，因為前途雖然已經肯定了，但還要讓實踐來證明，讓全國人民真正認識到這一點，才會更加鄭重地對待社會主義。這個意見被會議採納，於是《共同綱領》規定，新的國家「為新民主主義即人民民主主義國家」。

與此相應，新國家包括五種經濟成分：國營經濟、合作社經濟、個體經濟、私人資本主義經濟、國家資本主義經濟。各種社會經濟成分在國營經濟領導下「分工合作，各得其所」。基本的經濟政策是「公私兼顧，勞資兩利，城鄉互助，內外交流」。會議決定國都定於北平，北平改名為北京；紀年採用公元；在中華人民共和國國歌未正式制定前，以《義勇軍進行曲》為國歌；國旗為五星紅旗。

最為引人注目的是國家領導人的選舉和「內閣」人員的安排。中國人民政治協商會議第一屆全體會議選舉毛澤東為中央人民政府主席，朱德、劉少奇、宋慶齡、張瀾、李濟深、高崗為副主席，副主席中3位共產黨人，3位民主人士。周恩來被任命為政務院總理。4位政務院副總理中有兩位是民主人士，21位政務委員中有9位是民主人士，105個部長和副部長職位中，民主人士佔了49個。

正當北平在緊張地籌建新中國時，美國卻陷入了爭吵，國會議員們紛紛質問，是誰丟掉了中國。第二次世界大戰後，美

國把中國當作自己的勢力範圍，援助 30 億美元和最先進的武器幫蔣介石政府打內戰，依然沒能挽救走下坡路的國民黨政府。為了維護美國在華的戰略利益，6、7 月間，美國駐華大使司徒雷登祕密和中國共產黨接觸，打算北上和未來的新中國領導人見面，但遭到了美國政府的拒絕。8 月 2 日，司徒雷登悄悄地離開了中國。3 天後，美國政府發表《美國與中國的關係》白皮書，聲稱根據現實的情況，估量未來的中國，美國所能走的唯一的另一條道路，是為已經失去民心的國民黨政府，進行全面的干涉。對此，毛澤東的回應是：「司徒雷登走了，白皮書來了，很好，很好。這兩件事都是值得慶賀的。」

1949 年 9 月 21 日，中國人民政治協商會議第一屆全體會議正式開幕了。毛澤東在開幕詞中說的一句「佔人類總數四分之一的中國人從此站立起來了」，最為經典地詮釋了 1949 年大變局的主題。

1949 年 9 月 30 日下午 6 點，中國人民政治協商會議第一屆全體會議結束後，籌建開國盛事的人們做的第一件事情是，到天安門廣場參加人民英雄紀念碑的奠基儀式。毛澤東題寫的碑文，祭奠和告慰 3 年以來、30 年以來和 1840 年以來，「為了反對內外敵人，爭取民族獨立和人民自由幸福，在歷次鬥爭中犧牲的人民英雄們」。這個碑文，點出了這場大變局所蘊含的沉甸甸的歷史內涵。中國共產黨領導的新民主主義革命，犧牲的人無法完全統計，後來被確認為英雄烈士的，有名有姓的達到 193 萬人。

和歷史約會的人們，在 1949 年 10 月 1 日那天登上了天安門城樓。當時的經典畫面，後來反覆在影視作品裏出現，我們已不陌生。1999 年新中國成立 50 周年的時候，一部叫《新中國》的電視紀錄片配着這些畫面有這樣的解說：「九州方圓，華夏風雲，都匯聚到這個地方。千載歲月，百年奮鬥，才迎來了這個時刻。曾經滄海，大浪淘沙，歷史的洪流選擇了這些人物。」

那時候的中國人，無論在什麼地方，都會有一種特別的感受，特別的舉動。半個世紀前戊戌變法領袖梁啟超的兒子梁思禮，那天正在回國途中的一艘叫「克利夫蘭總統號」的海船上。他後來回憶說：「我因為是學無線電的，有一個比較好的收音機。那會兒已經知道，10 月 1 號要宣佈成立新中國，我就爬到比較高的地方，把天線接上，然後聽新中國的廣播。聽到毛主席宣佈新中國成立啦！還聽到新中國的五星紅旗升起來了。船上所有進步同學都歡欣鼓舞，就說應該開個慶祝會。當時只聽到是五星紅旗，到底五個星是怎麼個放法誰也不知道，只好根據我們自己的想象，拿一塊紅布，然後剪了五顆星，也知道有一個大星，四個小星，結果把一個大星就放在中央，然後四個小星放在四個角，這就是我們當時心目中的五星紅旗。當時的新中國，像一個巨大的磁鐵一樣吸引着我們這些國外的遊子。」

湊巧的是，10 月 1 日那天，被國民黨關在重慶渣滓洞的革

命志士，也按自己的想象，做了一面五星紅旗，以此來慶祝一個新國家的誕生。不到兩個月，他們犧牲了，倒在了新中國的門檻。

1949 年 12 月，新生政權通令全國，正式宣佈，屬於所有中國人的節日有元旦、春節、五一勞動節、十一國慶節；屬於部分人民的節日有三八婦女節、五四青年節、六一兒童節、八一建軍節。在中國人的感受中，標誌性的變局由此實現，人們稱之為新紀元。

1950 年

告 別

就像人們預料的那樣，新中國在第一個新年裏做的大事，是向過去告別。

告別是從進軍開始的。人民解放軍繼續向華南、西南進軍，以雷霆萬鈞之勢掃蕩殘敵，先後解放了南端的海南島和西部重鎮昌都，一舉打開挺進西藏的大門。西藏地方政府和中央談判，西藏全境於次年實現和平解放。中國大陸從此告別一盤散沙的分裂局面，實現完全統一。

中國共產黨拿到了天下，但他們拿到的是什麼樣的天下呢？毛澤東當時說了八個字：「大難甫平，民生憔悴。」滿目瘡痍的中國，是當時世界上最貧窮的國家之一。根據聯合國「亞洲及太平洋社會委員會」的統計，中國 1950 年人均國民收入 27 美元，不足整個亞洲平均 44 美元的三分之二，不足印度 57 美

元的一半。

更要命的是，投機商囤積大量糧米、棉花和煤炭，先後導致四次全國性物價大波動。混亂的經濟局面讓人心發慌，關於共產黨「軍事 100 分、政治 80 分、經濟 0 分」的説法在上海不脛而走。中央政府悄悄從東北、四川等地調運大批糧食和棉花到各大城市，一出手，頓時讓待價而沽的投機商吃了個啞巴虧。這年 3 月，全國物價趨向穩定，財政收支接近平衡，由此告別了國民黨長期沒有解決的惡性通貨膨脹和物價飛漲的歷史。

告別過去並不容易。在大變局面前，不少資本家或觀望或失望，有的離開了上海等大城市。許多工廠商店關門歇業，大批工人失業。怎麼辦？ 6 月上旬，中共中央召開進城後的第一次中央全會，制定了鞏固財經統一制度，改善勞資關係，調整稅收，搞活工商業，救濟失業者，開展土地改革等政策。一句話，就是爭取國家財政經濟狀況基本好轉。看來，中國共產黨的工作重心，確實告別了過去，發生了從打天下到治天下的重大轉變。

向過去告別，還有許多舊賬要理。7 月，政府公開收兌散存在民間的 1930 年代以中華蘇維埃共和國的名義發行的紙幣，收兌價格按當時紙幣 12 元換一塊銀圓，再折合為人民幣來計算。此舉讓老根據地的人們感受到，中國共產黨當初搞革命，説話真的算數。

最大的舊賬，是帝國列強們欠的。新中國一成立，就宣佈了「另起爐灶」「打掃屋子，再請客人」和「一邊倒」的外交方針，於是人們在 1950 年接連看到這樣一些消息：不僅駐紮在中國大陸地區的外國武裝力量被迫全部撤走，西方列強原來在中國享有的兵營地產、內河航行、海關管理、領事裁判等各種特權都被一一取消了。了結是為了開新。2 月，中國和蘇聯兩國政府在莫斯科簽訂了《中蘇友好同盟互助條約》，以代替國民政府此前同蘇聯簽訂的《中蘇友好同盟條約》，兩國政府還簽訂了蘇聯移交長春鐵路、放棄在旅順口和大連特權的協定。

經歷大變局後，普通人最關心的還是自己的日子怎麼過。漸漸地，對那些渴望改變現狀的人來說，他們的日子果然開始向過去的模樣告別。

流離失所的遊民和乞丐，開始被政府收容安置。2 月，面對 4000 多萬遭受饑荒和洪水襲擊的災民，中央政府成立了救災委員會專門負責救濟。

對居住在北京天橋附近龍鬚溝旁邊的貧民來說，感受最深的，是他們告別了臭氣熏天、蚊蠅叢生的居住環境。作家老舍在《龍鬚溝》中藉用大雜院裏市民的話說：人民政府真是咱們窮人自個兒的政府，王府井大街不修，西單牌樓不修，先給咱們來修這條幾十年沒人管過的臭溝。

清理舊社會留下的一些頑疾，1950 年的新中國更是雷厲風行。

人民解放軍投入 150 萬兵力，進入各地邊遠鄉村和深山老

林，去剿滅匪患；

在北方，則取締了各種封建迷信的會道門組織，僅山西一省就有 8 萬多群眾退出各種會道門，北京則逮捕了 100 多名一貫道骨幹；

對那些吸食鴉片煙毒的癮君子來說，似乎格外痛苦，因為政府通令嚴禁鴉片毒品，收繳煙土毒品，禁絕鴉片種植，製販煙毒者從嚴治罪；

煙花柳巷裏的娼妓，曾經是司空見慣的職業，也被擋在了新社會門檻的外面。全國各大城市下令封閉妓院，政府還專門成立婦女生產教養院，讓舊社會裏被迫賣身的人們獲得新生。

對婦女們來說，最大的告別，是 5 月 1 日頒佈實施了《婚姻法》。這部新中國的第一部法律，廢除了延續幾千年的封建包辦婚姻和一夫多妻制，推行自由戀愛和男女平等。恩格斯說過，婦女解放是衡量社會進步的尺度。婦女地位的空前轉變，使「解放」的內涵延伸到了社會細胞之中。不少婦女因為對婚姻不滿，受到虐待，要求離婚。那些還沒有結婚的青年男女，最喜歡看的小說，是趙樹理的中篇小說《登記》《小二黑結婚》；最喜歡看的戲曲，是評劇《劉巧兒》。《劉巧兒》裏一段唱詞，表達了青年男女對愛情和幸福的重新理解：「從那天看見他我心裏頭放不下呀，因此上我偷偷地就愛上他呀。但願這個年輕的人哪他也把我愛呀。過了門，他勞動，我生產，又織布，紡棉花。我們學文化，他幫助我，我幫助他，做一對模範夫妻立業

成家呀。」

對農民來說，最大的告別，是 6 月頒佈實施《中華人民共和國土地改革法》開始的土地改革。廢除封建土地制度，把土地分給無地或少地的農民，是新民主主義革命最後一項歷史任務。

與土地改革相伴的，是劃分階級成分。這件事讓湖南韶山的農會主席兼鄉長作了難。按原有財產，毛澤東家裏應劃富農，但把富農的成分劃在革命領袖身上又於心不安。於是他給毛澤東寫了封信，隻字不提劃成分的事，只說搞土改了，韶山一帶初步推算人均可分九分三左右的田地，不知主席一家有幾口人分田地？毛澤東一看就明白了，特地讓人轉達三條意見：所有財產分給農民；自己家劃分為富農，則無旁議；照政策辦事，人民會相信政府。

對所有的中國人來說，這年最大的告別，是從 10 月 19 日那天傍晚開始的。

6 月間朝鮮戰爭爆發後，美國海軍第七艦隊立即封鎖台灣海峽，打斷了中國人完成國家統一的進程。隨後，以美國為首的「聯合國軍」在朝鮮半島登陸，很快越過三八線，把戰火燒到鴨綠江邊，美國飛機還一再侵犯我東北領空，投擲炸彈，扔下傳播瘟疫的細菌彈。為保家衛國，中國政府決定抗美援朝，幾十萬中國人民志願軍 10 月 19 日跨過了鴨綠江。擔任中國人民志願軍司令員的彭德懷，稍後說了這樣一句話：「西方侵略者

幾百年來只要在東方一個海岸架起幾尊大炮，就可霸佔一個國家的時代是一去不復返了。」

　　當然，這也是一場艱難的告別，告別故土的志願軍官兵，許多人再也沒有回來。其中就有毛澤東的兒子毛岸英。他在跨過鴨綠江一個多月後便犧牲了，沒有活到 1951 年。

1951 年
「邊打」與「邊建」

　　1951 年，新中國的施政方針，就六個字：「邊打，邊穩，邊建。」社會面貌則可以概括為兩句話：一邊打抗美援朝戰爭，一邊恢復經濟搞建設。

　　新年是從一份戰爭捷報開始的。1 月 4 日，從抗美援朝前線傳來消息，中朝軍隊聯手作戰，打過三八線，還光復了漢城。從 1950 年 10 月 25 日到 1951 年 5 月，我方連續發起五次戰役，一舉扭轉朝鮮戰局，由美國等 16 個國家組成的所謂「聯合國軍」，被迫南撤，戰線長期穩定在「三八線」南北。

　　7 月，美國不得不答應談判。首輪談判開始時，雙方在劃分軍事分界線的問題上僵持不下，現場竟出現兩個多小時的靜默，成為世界談判史上的一大奇觀。美國方面的代表說，那就讓炸彈和大炮去辯論吧。消息傳回國內，毛澤東的回答是：「他

們要打多久，就打多久，一直打到完全勝利。」

百廢待興的新中國，面對的是世界上頭號經濟軍事強國和龐大的西方陣營。1950年，美國鋼產量達到8700萬噸，而中國只有61萬噸。那時候，人們把大炮叫做「戰爭之王」，但志願軍一個軍只有31門大炮，而美國的一個軍卻有1500多門。這是一場力量對比極其懸殊，但又不得不打的「立國之戰」。中國人的意志遭受最嚴峻的考驗。

在接下來的打打談談的中美「對話」中，1952年10月在朝鮮金化郡五聖山南麓爆發的上甘嶺戰役，持續鏖戰43天，戰鬥慘烈程度世所罕見。美軍調集大炮、坦克、飛機，向我志願軍兩個連據守的約3.7平方公里的陣地上，傾瀉炮彈190餘萬發，炸彈5000餘枚，陣地上所有草木蕩然無存，山頭被打成半米多深的焦土。我軍擊退敵人900多次衝鋒而巋然不動。在志願軍15軍135團7連的坑道裏，戰士們已經7天沒有水喝了，只好用自己解下的小便止渴。運輸員劉明生把在路上撿到的兩個蘋果送給連長張計發時，張連長將蘋果給了步話員，步話員又傳給了重傷員。蘋果在坑道裏傳了一遍，又完整地回到張連長手中。戰鬥結束時，這個有160人的連隊，只剩下十幾個人。

在抗美援朝前線，這樣的故事還有很多，包括捨身堵敵人機槍眼的黃繼光，為了不暴露部隊潛伏位置、寧可自己被燒死也不挪動身體的邱少雲，手持爆破筒和敵人同歸於盡的楊根思，等等。

趕赴前線採訪的作家魏巍，這年 4 月發表《誰是最可愛的人》。這篇文章，至今還被選進一些中學課本。新中國的幾代人，都把自己對朝鮮戰爭的感受，把一個民族的尊嚴，把一個民族的和平願望，濃縮進了這篇報告文學，濃縮進了稍後出現的《英雄兒女》和《上甘嶺》這樣的電影，濃縮進了「風煙滾滾唱英雄」和「一條大河波浪寬」這樣的歌聲⋯⋯

所有中國人的愛國熱情，都被奇跡般地調動起來。「抗美援朝，保家衛國」，成為一個家喻戶曉的口號。不同的行業，不同的職業，不同的面孔，把「邊打邊建」的頂層決策，化作了一場「愛國主義生產競賽運動」。

人們加班加點地工作，把增產增收的東西捐獻成飛機大炮，源源不斷地送往前線。北京石景山鋼鐵廠的職工，通過增加產量、撿廢鐵、捐獎金等辦法，捐獻了一架「石景山鋼鐵廠號」；甘肅玉門油礦的職工，在 8 天內用增產所得捐獻了一架「石油工人號」；四川簡陽縣的棉農們發起「一斤棉」捐獻運動，在兩個月內捐獻了兩架「棉農號」。中小學生們也通過放學後撿糧食、打柴火換來的零錢，捐獻了「兒童號」和「中國少年先鋒號」。一些資本家也捐出了他們的愛國心，捐獻最多的是著名的榮氏家族，捐出 7 架飛機。連青海塔爾寺的僧人，也出現在了愛國捐款的隊伍裏。

據抗美援朝總會的數據，他們組織的捐款，就達到 55656 多億元（舊幣），折合成戰鬥機 3710 架。

　　一人捐獻了一架飛機的豫劇演員常香玉，還去朝鮮前線慰問演出，為戰士們帶去這年創作的《花木蘭》。其中的唱詞，「劉大哥講話理太偏，誰說女子享清閒，男子打仗到邊關，女子紡織在家園……」火遍中國，流傳至今。

　　「打仗當英雄，勞動做模範」，成為一代人追求的時尚。前線和祖國，架起一座世界上最為厚實的精神橋樑。

　　1月17日，東北齊齊哈爾機牀廠馬恆昌小組，向全國工人提出競賽。此前他們改進了15種工具，創造了25項新紀錄。到3月底的不完全統計，全國參加競賽的廠礦單位有2810個，參加競賽的職工人數有223.2萬人。

　　國營青島第六棉紡織廠細紗值車女工郝建秀，創造了一套工作法，減少細紗機的斷頭，縮短斷頭的延續時間，使皮輥花率達到30.25%，值車能力由300錠逐漸提高到600錠。經總結、提高，「郝建秀工作法」在全行業推廣運用。郝建秀後來被政府先後送到工農速成中學和華東紡織工學院學習深造。

　　大規模興修水利的「戰爭」，也在這年拉開帷幕。上一年淮河流域發大水，受災的耕地面積達到4350萬畝，受災人口1300多萬。為根治淮河水患，中央政府投入巨資，建設大規模導淮工程。1951年5月，毛澤東題詞：「一定要把淮河修好。」在淮河流域的幾千里堤防上，先後有上千萬民工，打響了新中國改造大自然的第一場大規模戰役。

　　在熱火朝天的工地上，傳唱着各式各樣的「治淮歌」。其

中一首唱道:「長江北,黃河南,淮河彎彎在中間,穿過無邊
的大平原。淮河要修好,不怕旱澇年,守牢大河灣,人人吃飽
飯⋯⋯」還有一首唱道:「一勸我的郎,治淮要記清,你不要
把那家中的事,常掛在心。雖然是阿公婆年紀高邁,春耕和生
產,有我來照應⋯⋯」

　　8月,歷時9個月的根治淮河第一期工程完成了。與此同
時,長江中游的荊江險段,著名的荊江分洪工程建設也進入了
關鍵時刻。到1952年,全國有兩千多萬人參加水利建設,相當
於修了10條巴拿馬運河、23條蘇伊士運河。

　　思想文化領域的建設,人們這年記憶深刻的,是對電影
《武訓傳》的討論和批判,主要是因為這部片子涉及怎樣看中國
近代的歷史人物和中國農民的出路問題。還有,丁玲的《太陽
照在桑乾河上》、周立波的《暴風驟雨》這兩部長篇小說,以及
歌劇《白毛女》,獲得斯大林文學獎。當時的中國人,把這個獎
項看得很高。有意思的是,這些作品,都反映了中國農民與土
地的關係,配合了正在走向深入的土地改革運動。

1952 年

重整河山

　　1月，人們從《人民日報》上讀到一則消息：中央人民政府貿易部去年向蘇聯訂購防治口蹄疫藥品，把「三噸」誤寫成「三百噸」，層層審批，竟沒有哪個官員發現有誤，結果多買了297噸。官僚主義造成這樣的浪費，着實驚人。

　　看來，治理國家，重整河山，不是件容易的事。其難處不只進城後迅速滋生的官僚主義現象，更在於一些黨員幹部掌權後的人生下沉得讓人觸目驚心。1月的《人民日報》還披露了這樣一些現象：出賣財政情報，造假報告、假單據虛報領取甚至公然盜取國家資財，利用職權收受賄賂或吃「回扣」，包庇走私和漏稅偷稅，挪用公款公物從中牟利，克扣下級、欺瞞上級，挪用事業費充作機關開支，等等。

　　從1月起，中央政府甩出重整河山的重拳，在全國範圍

內展開反貪污、反浪費、反官僚主義的「三反」運動。人們至今最熟悉的案例，莫過於原天津地委書記劉青山、地區專員張子善的貪污腐敗。他們曾經是出生入死的紅小鬼、老革命，卻利用職權，盜用飛機場建築款、救濟水災貸款、幹部家屬救濟糧，克扣民工供應糧及騙取銀行貸款等，總計達 171 多億元（舊幣，相當於新幣 171 多萬元），用於經營他們祕密掌握的「機關生產」。這年 2 月，二人被判處死刑，給那些為創建新中國立下功勞的人造成空前震動。打「老虎」一時成為「三反」運動的代名詞。

與此同時，工商界一些不法業主做的事情也讓人頭痛。諸如，有不法奸商用腐爛棉花做成「救急包」，高價賣給在抗美援朝前線作戰的志願軍；有的用壞牛肉做成罐頭，用發黴的麵粉做成餅乾；還有不少人拉攏腐蝕幹部以牟取不當利益，或者不法經營、偷稅漏稅。於是，和「三反」運動同時展開的，是在工商界進行的反對行賄、偷稅漏稅、偷工減料、盜騙國家財產、盜竊國家經濟情報的運動，人們稱之為「五反」。具體做法是把工商企業劃分為守法戶、基本守法戶、半守法戶、嚴重違法戶、完全違法戶 5 類，給予不同處理。到 6 月底「五反」運動結束時，這 5 類情況分別佔 10%-15%、50%-60%、25%-30%、4%，劃成完全違法戶受到嚴懲的佔 1%。

該說說佔人口絕大多數的農民了。邁進新中國的門檻，要數他們的變化最大；重整河山的故事，要數他們身上最多。他

們的故事，無論是昨天還是今天，都是從土地這一命根子引出來的。

年底，歷時兩年多的全國新解放區土地改革基本完成。能擁有一份土地，在自己的土地上耕種收穫、生老病死，是農民追尋了幾千年的夢想。新中國幫助他們實現了這個生生不息的夢想。土地被重新丈量，3億多無地和少地的農民，分得了7億多畝土地和相應的生產資料。安徽省鳳陽縣這年的《姚灣鄉頒發土地證的工作報告》記載：「發證以村為單位召開村民會（地主不參加），舉行發證儀式，宣傳舊契作廢。土地證是合法的契約，在發土地房屋所有證的時候，群眾情緒高昂。世子墳村幹部捧出土地證時，群眾鼓掌達10分鐘。十里鋪農民領證時主動向毛主席像鞠躬，貧農方桂文說：『大紅契到手，土地到家，真翻了身！』」有的農民高興地把自己的名字寫在木牌上，深深地砸進屬於自己的地界裏，彷彿要硬生生地砸出生活的全部希望。1952年，全國的糧食產量超過了新中國成立前最高的年產量。

新中國成立的時候，有80%的中國人不識字，人們稱之為文盲。重整他們的知識和文化河山，成為當務之急。大規模的掃盲運動從這年開始。在掃盲過程中，西南軍區某部文化教員祁建華，創造了「速成識字法」，可使文盲和識字不多的人，通過約150個小時的學習，能認識1500至2000個漢字。許多在舊中國沒有上過學的人，都是在掃盲運動中開始睜開知識和文化的「雙眼」，看清被重整的河山。

　　思想文化界的重整河山，也有舉措。新中國成立時候，被稱為知識分子的人約有 200 萬，佔全國人口總數的 0.37%。其中大學畢業有幾年工作經驗的高級知識分子，當時估計約有 10 萬人。知識界這年的一件大事，是開展學習教育運動，目的是加強馬克思主義的指導地位，消除帝國主義、封建主義的思想影響。學習方式是聽報告，讀文件，聯繫本人思想和單位實際，開展批評與自我批評。知識分子們把這樣的思想經歷比喻為「洗澡」。

　　與此同時，中國高等教育結構也在重整河山。全國高等學校進行大規模調整，合併或分拆了一些高校。比如，過去人們熟悉的燕京大學分拆後，它的文科和理科院系併入了北京大學，工科院系併入了清華大學。這次整合，奠定了中國高等教育的基本格局。

　　對四川人來說，重整河山的感受來得格外深刻。一條早在 1910 年就想修建的鐵路，在 7 月 1 日那天通車了。建成全長 505 公里的成渝鐵路，結束了四川沒有鐵路的歷史，把成都和重慶這兩個西南重鎮緊緊連在了一起。通車那天，沿途出現的，是四川老百姓期待了近半個世紀的歡呼。

　　神州河山，就這樣被重新收拾了一遍。其實，從新中國成立到 1952 年，整整三年的時間，國家生活的一個主題，就是重整河山，用標準的語言來說，叫國民經濟恢復時期。1952 年，成為新中國第一個財政收支平衡年度。收支平衡、經濟恢復與

物價穩定，標誌着恢復國民經濟的目標已經實現。

　　據後來統計，1952 年，全國人均消費 76 元，其中農民 62 元、非農業居民 148 元，人均消費糧食 197.67 公斤。變化確實很大。但工業品的生產和消費，則不免尷尬，每百人平均擁有手錶只有 0.07 只、自行車 0.06 輛、縫紉機 0.02 架。

1953 年

大工業夢想

　　一個沒有現代工業的國家，是永遠強大不起來的。1953 年第一天到來的時候，新中國前行的腳步出現新的音符。《人民日報》這天的社論，出現了一個新名詞「第一個五年計劃」，還說：「工業化——這是我國人民百年來夢寐以求的理想」。

　　1953 年，中央宣佈要向社會主義過渡，意思是：從中華人民共和國成立到社會主義改造基本完成，這是一個過渡時期。黨在這個過渡時期的總路線和總任務，是要在一個相當長的時期內，逐步實現國家的社會主義工業化，並逐步實現國家對農業、手工業、資本主義工商業的社會主義改造。

　　當時中國人的理解，其實也很簡單，叫做「一化三改」，主體內容就是工業化。1953 年成為開始大規模工業建設的第一年。要實施的第一個五年計劃，有 156 個重點建設項目，包括

鋼鐵、煤炭、煉油、機械、飛機、汽車、發電各個行業。這些項目建成後將奠定新中國的工業基礎。

7月，中國的第一個汽車製造基地在長春舉行奠基儀式，人們把毛澤東題寫的「第一汽車製造廠奠基紀念」幾個字刻在漢白玉基石上面，植入一片荒涼的黑土地裏。

鞍山鋼鐵公司是新中國成立時最大的鋼鐵廠。當時是一片廢墟，日本人走的時候斷言，今後的鞍鋼只有種高粱了，要恢復生產，必須要 20 年的時間。然而，江山易手，情況便是兩樣。鞍鋼不僅很快恢復了生產，1953 年還新建了無縫鋼管廠、大型軋鋼廠和七號高爐，生產出中國歷史上第一根無縫鋼管。

隨着鞍鋼一道出名的還有位勞動模範，他的名字叫孟泰。他憑着樸素的勞動經驗，把認為有用的東西收集起來，放在煉鐵廠的簡易房裏，逐步建起了一個「孟泰倉庫」。

勞動者就是主人公，主人公就是勞動者。北京永定機械廠鉗工倪志福，這年接到高錳鋼加工打眼任務。用傳統的「標準鑽頭」要鑽半天才能打通一個眼，而且一天要燒壞 12 根鑽頭，於是他反覆琢磨，發明了一種省時省料的三個尖七個刃的新鑽頭，人們把它叫做「倪志福鑽頭」。

國營的多數企業建立了比較合理的工資等級制度。這年工人實際工資所得，平均為每月 56 萬元（舊幣，相當於新幣 56 元）。

工業建設需要人才。從 1953 年開始，高等學校畢業生實行統一分配制度，叫做「集中使用，重點配備」。於是，暑期畢業

的 34985 人大多分配給了工業和交通系統，有 5700 多人留在高
等學校當助教或讀研究生。

對老百姓來說，工業化意味着繁榮、富強和幸福。但怎樣
去幹，事實上很陌生。於是，被稱為「老大哥」的蘇聯專家來
了。他們帶來技術和設備，手把手地教一些昨天還是農民的青
年工人怎樣操作機牀。

學習俄語和蘇聯文化成為時髦。電影院裏放的是蘇聯的電
影，書店裏擺滿了蘇聯的書籍，幾乎每一個青年學生都讀過《鋼
鐵是怎樣煉成的》，幾乎每個少年都熟悉《卓婭和舒拉的故事》，
幾乎每個城裏人都會唱幾首《莫斯科郊外的晚上》這樣的歌曲。
人們真誠地相信，蘇聯就是大工業的榜樣。蘇聯的今天，就是
中國的明天。3 月 5 日，蘇聯部長會議主席、蘇共中央書記斯大
林逝世，毛澤東、朱德、周恩來等前往蘇聯駐中國大使館哀悼。

過渡時期總路線提出來後，農業支援工業的勢頭很猛。
1953 年的一個統計很有意思，從 1951 年至 1953 年三年內，
中國絲綢公司華東區公司運銷國外的生絲，換回大量機器、鋼
材、燃料及化工原料。如果把這些工業用品都換算成鋼軌，估
計可以築成十多條成渝鐵路。

農村的生產方式也開始發生變化。分得土地的人們成立大
量臨時性或季節性的互助組。新中國成立前分得土地的地方，
開始推廣長年互助組，甚至組建起以土地入股的農業生產合
作社。

　　歷時三年的抗美援朝戰爭也結束了。7 月 27 日朝鮮停戰協定在板門店正式簽署。最終代表「聯合國軍」在協定上簽字的，是美軍上將克拉克。他沮喪地說：我是美國歷史上第一個在沒有取得勝利的停戰協定上簽字的司令官。這場戰爭犧牲了近二十萬中華兒女，其中有大約兩萬人至今長眠在異國的土地上。在這年召開的全國婦女大會上，毛澤東見到了用身體堵槍眼的黃繼光烈士的母親鄧芳芝。一位是父親，一位是母親；一位是領袖，一位是農村老大娘。他們都在朝鮮戰場上失去了自己的兒子。他們承受着共同的悲傷，也擁有共同的驕傲。

1954年

秩 序

　　新中國成立時政治協商會議通過的《共同綱領》，起着臨時憲法的作用，第一屆中國人民政治協商會議也一直代行還沒有產生的全國人民代表大會的職權。按規定，1954年就該到期了。

　　由此，1954年迎來的，是中國社會各方面的秩序建構。

　　為了構建秩序，先要摸清「家底」。新中國這年進行了第一次人口普查，截至6月30日24時，中國大陸人口總數是601912371人。這是中國有史以來獲得的第一個比較準確的人口數字。

　　最大的政治秩序建構，是全國各地舉行的規模空前的人民代表選舉。根據《選舉法》，凡年滿18歲的中國公民，均有選舉權和被選舉權。這對普通老百姓來説是件新鮮事，人們在選舉中學到了兩個道理：「只有民主，才能辦好一切事情」，「民主

權如同生命一樣的可貴」。不少農民把選民證和土地證放在一起，鎖進箱子或放在鏡框裏。這年，全國各地從 500 多萬各級人民代表中，選出 1226 位全國人民代表大會的代表。

9 月召開的一屆全國人大一次會議，通過了毛澤東主持起草的新中國第一部《憲法》。《憲法》規定：「中華人民共和國的一切權力屬於人民。人民行使權力的機關是全國人民代表大會和地方各級人民代表大會。」「中華人民共和國全國人民代表大會是最高國家權力機關。」代表們選舉毛澤東為國家主席，朱德為副主席，劉少奇為全國人大常委會委員長，宋慶齡等 13 人為副委員長，決定周恩來為國務院總理。

經濟生活領域構建的最大秩序，莫過於糧食和棉布供應的票證制度了。隨着大工業建設的開始，城鎮人口急劇增加，農業人口的糧食消費也不斷提高，使 1954 年上半年糧食供應缺口達到 227 億斤。用什麼辦法解決呢？主管經濟工作的副總理陳雲面臨兩難選擇。如果強行從農民手裏把糧食足額徵上來，農民不幹；如果不徵上來，勢必導致物價飛漲，市場混亂。最後決定搞「徵購配售」。擔任糧食部長的黨外人士章乃器建議，把「配售」改為「計劃供應」，把「徵購」改為「計劃收購」，簡稱「統購統銷」。這個辦法還真靈，比較順利地穩定了糧食供應。這項在短缺經濟下保障人民基本生活的舉措，從此在中國大陸實行了 40 年。

伴隨統購統銷出現的是憑票供應。10 月開始實行布票制

度，全國每人每年 1.6 丈至 1.9 丈，遇婚喪嫁娶可補助一定數量的布票。翻過年去，城鎮居民口糧供應標準也出來了，每人每月大致在 30 斤左右，根據職業、工種有所差別，從事繁重體力勞動的多一點，煉鋼工人的基本口糧加上工種糧是 45 斤，煤礦工人最高定量可到 57 斤。糧食部門按月發放當地糧票並由指定糧店供應。從 1960 年起，如果出門辦事，在本地區用地方糧票可進飯館吃飯，跨地區則必須用全國通用糧票。對生活品實行票證制度，今天的年輕人已經很陌生了。其實，這是物質短缺時代的普遍現象，許多西方國家在二戰時期都搞過。

全國的行政領導體制和行政區劃，也發生了重要變化。新中國成立時，在中央政府和各省、直轄市之間，設立的東北、華北、西北、華東、中南、西南六個行政大區的建制，這年被取消了。同時還相應合併了一些省份，比如，東北地區曾經被劃分為九個省，合併成了三個省；四川省內，曾設有川北、川南等相當於省級建制的行政區，也相應撤銷；原來在山東、河南之間還設有一個平原省，也撤銷了。

在城鎮，開始建立起街道居民委員會。作為最基層組織，它主要負責人民調解、治安保衛、公共衛生等方面的事情。這一制度延續到今天，成為中國基層民主自治制度的基本形態。

在農村，由於組織起來辦合作社的地方多了，國務院頒佈農業生產合作社的示範章程，對農業生產合作社的土地及生產資料、生產組織、勞動紀律、勞動報酬、財務管理、管理機構

等諸多問題，分別做了規定和說明。

在工廠，則改變過去在國營工礦企業實行的黨委領導下的廠長負責制，轉而實行廠長負責制，並建立起廠長——車間主任——工段長的三級負責制度。一線工人實行崗位責任制。

在思想文化領域，兩位年輕人用歷史唯物主義觀點寫的研究《紅樓夢》的文章，引發對《紅樓夢》研究中「資產階級唯心論傾向」的批判，並延伸到對五四新文化運動以來思想文化領域泰斗級人物胡適思想的批判。著名詩人和文藝理論家胡風上報中央一份 30 萬字的《關於幾年來文藝實踐情況的報告》，在下一年引出一場胡風文藝思想的批判運動，胡風以及和他的觀點相近的一些人，也從宗派集團成了「反革命集團」。

在西部，新建的青藏公路和康藏公路正式通車。這兩條公路把內地和遼闊的西部緊緊地連在了一起。與此同時，新疆部分解放軍官兵由作戰部隊改為生產建設部隊，承擔屯墾戍邊任務。他們在塔克拉瑪干和古爾班通古特大沙漠邊緣的亙古荒原上，在綿延 2000 多公里的邊境沿線，開墾土地，興修水利，發展工業，掀起一場大生產運動。

在國家關係上看，中國做了兩件構建秩序的大事。4月，中國和印度簽訂《關於中國西藏地方和印度之間的通商和交通協定》，文件中正式寫入周恩來提出來的「和平共處五項原則」，即：互相尊重領土主權、互不侵犯、互不干涉內政、平等互惠、和平共處。這五項原則隨即成為中國處理國際關係的基本準則。

　　周恩來這年還率中國代表團到瑞士日內瓦，參加和平解決
朝鮮問題和恢復印度支那和平問題的國際會議。這是新中國第
一次以大國身份坐下來同美國、英國等西方大國打交道，第一
次走出國門主動參與構建相應的國際秩序。

1955年

高 潮

　　循着構建規制和秩序的軌跡，1955年各方面的社會改革可謂是高潮迭起。

　　毛澤東這年親自編輯的一本書，就叫《中國農村的社會主義高潮》。從1953年開始的社會主義改造，明顯升溫，農村出現農業生產合作化高潮，城鎮出現資本主義工商業公私合營和手工業聯合經營高潮。

　　農村開始大辦農業生產高級合作社。作家趙樹理這年發表的中篇小説《三里灣》，後來被改編為電影，今天的人們，可從中知道辦合作社是怎樣一回事。

　　在現實生活中，河北燕山山脈的村落裏，一個叫王國藩的人，1952年聯合村裏最窮的23戶農民，辦起了初級社。社裏唯一的一頭驢還有四分之一的使用權屬於沒有入社的村民，人們

稱之為三條驢腿的「窮棒子社」。結果，這個農業社紅火地發展起來，到 1954 年，全村 148 戶人家都入了社。毛澤東知道這件事後，在《中國農村的社會主義高潮》裏說：「我看這就是我們整個國家的形象，難道六萬萬窮棒子不能在幾十年內，由於自己的努力，變成一個社會主義的又富又強的國家嗎？」

農村合作化高潮中，農民還有更新的創造。在山西高平縣米山鄉，這年由農村社員、醫務人員和合作社共同出資，建起了衛生保健站，開啟中國農村合作醫療制度的先河。各地農村相繼辦起類似性質的「合作醫療社」「醫療衛生保健站」。

比較複雜的是對資本主義工商業的改造。政府採取的辦法，不是無償沒收和剝奪，而是搞公私合營，和平贖買。這種辦法減少了社會震動。當然，一些經營得不錯、資產規模比較大的工商業者，心裏難免忐忑和猶豫。為此，毛澤東親自出面做工作，兩次邀請工商界代表人座談，希望大家能認清社會發展規律，掌握自己的命運。還說，國家富強，是「共同的富，共同的強，大家都有份」。公私合營的步伐隨後明顯加快，許多資本家出於這樣或那樣的考慮，紛紛向政府提出合營要求。上海工商業的指標人物榮毅仁，成為支持公私合營的典型，由此被稱為「紅色資本家」。

公私合營後，政府按資產付給資本家利息。究竟付多少合適呢？大多數資本家都抱着「爭三望四」的心態。用他們的話講，是「三厘稍低，四厘不好講，五厘不敢想」。結果政府一律

定息為 5%，從 1956 年 1 月算起，拿定息期限為 7 年。1962 年到期後，政府又決定延長到 10 年，實際上支付了 11 年零 9 個月的利息。這是出乎多數資本家意料的。資本主義工商業和平地轉變為社會主義經濟，這種方法確實是一個有歷史意義的巨大創造。當然，社會主義改造過程中，也有一些毛病，比如，對經濟所有制的追求過於單純，工作方法上有些粗，步驟上過於急。

人們日常經濟生活的變化也迎來高潮，新版人民幣發行了。舊幣以萬元為單位，票面額太大。新幣一元兌換舊幣一萬元。隨之而來的，是國家機關工作人員和軍隊官兵，一律改供給制或財政包乾制為貨幣工資制。實行工資制度後，工作人員及其家屬的一切生活費用，都由個人負擔。工資標準分為 29 級，最高 1 級為 649.6 元，最低 29 級為 21 元。1957 年和 1959 年，又先後降低 10 級以上的工資標準，將 1 至 3 級合併為一級，統一為 400 元。降低的範圍，只限於中共黨員幹部，非黨員幹部以及企事業單位知識分子的工資標準，一律不降。這樣的工資制度，一直到 30 多年後才發生變化。

大城市的商業服務也活躍起來。到上海，人們都要去南京路上逛逛，購買時髦的商品。在北京的王府井，被稱為「新中國第一店」的北京市百貨大樓，這年正式開業。隨後，中國照相館、四聯美髮廳、普蘭德洗衣店、藍天服裝店等一批服務型企業，從上海遷到北京，陸續在王府井、西單、東單三大區域

落戶，由此形成北京商業高端服務的基本格局。從外地到北京出差的人，有時間總要去王府井或東單、西單逛逛，否則就不算是到過北京。

為推動科技發展高潮的到來，1月，毛澤東等中央領導人聽了一堂關於鈾礦勘探和原子彈製造原理的科普課。毛澤東隨後說：「這件事總是要抓的。現在到時候了，該抓了。」這件事，就是原子彈的製造。

6月，由著名文學家和歷史學家郭沫若擔任院長的中國科學院，成立了物理學數學化學、生物學地學、技術科學和哲學社會科學四個學部，並在全國高級知識分子中遴選出 233 位學部委員。學部這個概念來自蘇聯，但蘇聯的學部委員叫院士，中國不叫院士，是覺得科學技術水平當時不好跟國外相比。其實，第一批學部委員中有許多響噹噹的人物，比如地質學家李四光、氣象學家竺可楨、數學家蘇步青和華羅庚、物理學家錢三強和錢偉長、橋樑學家茅以升、建築學家梁思成、經濟學家馬寅初……

學部成立不久，一位科學技術領域的領軍人物回國了。36歲便成為麻省理工學院最年輕終身教授的錢學森，因為提出要回到新中國，被美國政府限制出境長達 5 年之久，還一度身陷囹圄。他不得不躲開盯梢，在香煙盒上寫了封密信，表示「無一日、一時、一刻不思歸國參加偉大的建設高潮」，「懇請祖國助我」。這封短信幾經輾轉送達周恩來手上，經中國政府交涉，

錢學森於 1955 年秋天回來了。新中國研製導彈和火箭之路，由此開啟。

據不完全統計，從 1949 年 10 月到 1955 年 11 月，從西方發達國家回來的高級知識分子，總共有 1550 多人。

軍隊建設的高潮，是走向正規化和現代化。人民軍隊開始實行軍銜制、薪金制、義務兵役制度和頒發勳章制度。朱德、彭德懷、林彪、劉伯承、賀龍、陳毅、羅榮桓、徐向前、聶榮臻、葉劍英被授予中華人民共和國元帥軍銜，一批在革命年代創造戰爭傳奇的軍官被授予大將、上將、中將、少將軍銜。與此同時，新中國軍隊初步完成由單一陸軍向諸軍兵種合成的轉變，在這年首次舉行了規模浩大的陸、海、空三軍協同抗登陸作戰演習。

中國外交的一個高潮，是周恩來 4 月率領中國代表團出席在印度尼西亞萬隆舉行的有 29 個國家參加的亞非會議。針對與會各國對新中國缺乏了解和各國之間存在的分歧，周恩來在會上提出「求同存異」的著名方針。在中國首倡的和平共處五項原則基礎上制定的萬隆會議十項原則，後來被稱為「萬隆精神」。

1956 年

新起點

　　1956 年 1 月 1 日，人們打開郵遞員送來的《人民日報》，突然發現，沿用幾千年的豎行文字改成了橫排。與此同時，國務院公佈《漢字簡化方案》，有 230 個筆畫太多的繁體字改成了簡化字（到 1964 年一共簡化了 2238 個漢字）。方便人們認字的《漢語拼音方案》開始推廣，習慣講地方方言的人們，普遍學起講普通話了。

　　語言和文字表達的新氣象，似乎昭示着新中國腳步邁到了一個新起點。

　　1 月，北京、上海和天津先後宣佈進入社會主義，各地基本上完成了社會主義改造的任務。春節前，中央新聞紀錄電影制片廠請來各個行當的藝術家，錄製了一台春節聯歡會，開了後來電視春節聯歡會的先河。1956 年的中國，就這樣在歡笑聲

中走進了社會主義社會的門檻。

站在歷史的新起點上，最先感受到新氣象撲面而來的，是知識分子。在 1 月召開的有上千人參加的知識分子會議上，毛澤東說，現在我們的革命，「叫技術革命，叫文化革命，要搞科學，要革愚蠢無知的命」。周恩來在會上說，知識分子絕大多數已經成為工人階級一部分，應該給知識分子應得的信任和支持。

經歷思想改造的知識分子，擁有如沐春風的感覺。他們在工資、工作條件、入黨、社會活動各方面的境況和待遇，得到明顯改善。僅北京市市屬單位，1956 年就發展 389 名高級知識分子入黨。根據北京大學、清華大學等 6 所院校的統計，1956 年教授、副教授的月平均工資為 228.79 元，比十級幹部（一般擔任正廳局級、正地市級領導）的工資 217 元高 11.79 元。大學講師月平均工資為 116.26 元，比 16 級幹部（一般擔任縣團級領導）的工資 113 元高 3.26 元。此外，他們發表各式作品還有不菲的稿酬。數學家華羅庚就留下「寫一個字可以買一個饅頭」的佳話。作家巴金因為有版稅，甚至不要工資。1956 年中國農民的月平均消費水平是 6.5 元，城鎮居民月平均消費水平是 16.4 元。

1956 年，孩子們還沒有太多的玩具，但是在街上，你花上一分錢，就能從書攤上租來幾本小人書。對北京城裏的孩子來說，這個春天裏上演的童話劇《馬蘭花》，帶給他們不少快樂，

他們都會背誦戲裏的口訣:「馬蘭花,馬蘭花,風吹雨打都不怕。勤勞的人在說話,請你現在就開花。」

春天,毛澤東提出繁榮科學和文化的「百花齊放,百家爭鳴」方針。他說:現在春天來了嘛,一百種花都要讓它開放,春秋戰國時代有許多學說,大家自由討論,我們現在就需要這個。提出「雙百方針」,是因為此前一段時間,科學研究被打上意識形態烙印。歐美的自然科學流派一律被貼上資產階級的標籤,來自蘇聯的理論則被視為金科玉律,嚴重影響了科學發展。

「向科學進軍」的口號提出來了。國家還成立科學規劃委員會,組織 600 多名專家反覆論證,編制出《1956-1967 年科學技術發展遠景規劃綱要》。在 57 個項目 616 個課題中,涉及飛機、導彈、原子能、計算機、無線電、自動化等 12 項重點任務。新起點上的科學藍圖,為知識分子提供了廣闊的創造空間。

站在新起點上的各行各業,各種新氣象撲面而來,讓人振奮。

7 月間從長春第一汽車製造廠大門口開出的 12 輛國產汽車,結束了中國不能造汽車的歷史。此後,這種叫解放牌的卡車,跑遍了中國大地,隨之傳播全國的是一首叫《老司機》的歌:「想當年我十八歲就學會了開汽車呀,擺弄那個外國車呀,我是個老內行啊,可就是呀沒見過呀中國車啥模樣啊,盼星星盼月亮啊,盼的這國產汽車真就出了廠……」

全國所有的縣在 1956 年通了電報,95% 以上的縣通了電話。當河南省滎陽人民廣播電台開通的時候,播送的節目通過

田野上的大喇叭傳送，老山溝裏的農民説：「聽聽常香玉，一輩子不生氣。現在，坐在家裏能聽常香玉唱戲了。」

舉重運動員陳鏡開，以132.5公斤的成績，打破輕量級挺舉世界紀錄。這是中國運動員第一次打破世界紀錄。為發展體育運動，這年還在全國範圍內選拔優秀運動員。

10月間在北京舉辦的日本商品展覽會，讓人們看到了很多新鮮的東西。大到自動機牀，小到兒童玩具，還有讓年輕人愛不釋手的半導體收音機，電視機更是新奇，令人暢想未來的生活。

事實上，從4月毛澤東發表《論十大關係》的講話開始，整個中國便在新的起點上開始未來的佈局了。秋天召開的中共第八次全國代表大會，收穫了新起點上關於未來佈局不同尋常的成果。會議對中國社會的主要矛盾和歷史任務作出了新的判斷，指出：國內主要矛盾，已經不再是工人階級和資產階級之間的矛盾，而是人民對於經濟文化迅速發展的需要，同當前經濟文化不能滿足人民需要之間的矛盾。今後的主要任務，就是搞經濟建設，發展生產力。後來寫中華人民共和國歷史的人都説：從此以後，中國進入了全面建設社會主義的時期，進入了探索社會主義建設道路的時期。

建設和探索的年代，也是拓荒的歲月。國務院成立了農墾部，由鐵道兵司令員王震上將出任部長。許多人從新起點出發了。這年，中國向偏遠地區移民達67萬人。他們遠赴最南端的海南島，西北的柴達木盆地，還有一個叫石河子的地方。更

大規模的墾荒隊伍則開赴東北遼闊的北大荒。鐵道兵調來了 9
個師，官兵們告別軍旗，把軍旅生涯當作自己人生最美好的記
憶。從此，在三江平原的黑土地上，便有了 851、852、854 這
樣一些以部隊番號命名的特殊地名。

1957年

變化

在人們的記憶裏，1957年是社會變化很大的一年。

1月，人們從報紙或廣播裏知道，中國科學院第一次向科學家們頒發獎金，讓人感受到「向科學進軍」帶來的政策變化。獲得一等獎的論著作者能夠得到一萬元，這可是不小的數目。但科學家們的研究，促進着中國的進步和變化確是不爭的事實。比如，獲獎者中，錢學森的工程控制論，對自動控制和自動調節理論作了全面探討，奠定了這門技術科學的理論基礎；錢偉長等人的研究，使許多力學家關注的彈性圓薄板大撓度的基本方程得到了系統解決，對航空設計和儀表設計有着重大幫助；還有華羅庚關於多元複變函數論的理論，也展示着誘人的應用前景。

經濟學家馬寅初這年提出節制人口的主張，開始促進人們

生育觀念發生變化。3月5日《人民日報》專門發表關於節制生育的社論。河北玉田縣舉辦避孕展覽會，7天中觀眾達5萬多人。三八婦女節那天，北京中山公園的避孕展覽會上展出的彩色圖片和人民來信，傳達出不少城市居民迫切要求獲得避孕知識的信號。一個織布女工在信中說，她才25歲，已有4個孩子，妨礙了工作和學習，家裏經濟狀況也困難，實在不想生孩子了。

從1957年開始，每年春秋兩季，中國出口商品交易會在廣州定期舉行。對外貿易的變化，開頭很難。那時候，中國人能拿出來的大多是一些農副產品和簡單的工業品。作為對外交流的窗口，廣州交易會一直延續到了今天。

文學創作也在變化中迎來了豐收。後來進入新中國文學史的作品，比如長篇小說《紅旗譜》《林海雪原》《山鄉巨變》《紅日》《百煉成鋼》以及話劇《茶館》，都是在這年發表和出版的。

新年伊始，中央領導層着重考慮的是怎樣應對進入社會主義社會後的矛盾變化。在去年蘇聯共產黨召開的二十大上，赫魯曉夫作了一個祕密報告，揭露不少斯大林時期犯的錯誤，讓人們看到社會主義社會也有不好的一面。隨後，波蘭和匈牙利發生政局動盪，中國還派周恩來總理前去調和他們同蘇聯的矛盾。社會主義國家內部出現的這些新變化，在國內也有所反映。比如，1956年下半年，不少地方出現罷工罷課或上街遊行，絕大多數黨員幹部對此缺少精神準備，有人對繁榮科學和

文化的「雙百」方針也不理解，產生抵觸情緒。

看來，必須要有一套處理社會主義社會矛盾的新辦法。從1月到3月，中央連續召開規模很大的省市自治區黨委書記會議、最高國務會議、宣傳工作會議。毛澤東逢會必講，要正確處理人民內部矛盾，要統籌兼顧、協調各方利益，要落實「雙百方針」。總之，在社會主義國家治國理政，要有新思路，要用批評與自我批評的方式、說理和民主的方式，和風細雨地解決人們對政府工作的意見，絕不能以過去處理敵我矛盾的辦法來處理新問題、新矛盾。

由此，中央在4月下旬發動整風運動，要黨內外人士給領導幹部提意見，幫助他們改掉官僚主義、主觀主義的毛病，便於提高執政水平。開始的時候，有些意見雖然尖銳，卻是誠懇的。諸如說黨員不信任、不尊重黨外人士，高人一等，盛氣凌人，等等。

有些事情往往是，運轉程序一啟動，就有它自己的發展邏輯，結果也就常常出人意料。整風運動的情況越來越複雜。「黨天下」，「輪流坐莊」，共產黨退出機關和學校，公方代表退出公私合營的企業，這些激烈意見相繼出現了。這種局面，是黨內領導層沒有預計到的，進而引起警覺和擔憂，對形勢的認識和判斷發生了變化。變化的結果是進行反右派鬥爭，但反右派鬥爭「嚴重擴大化」了。先後有50多萬人被戴上「右派分子」的帽子。他們的人生跌入低谷，其中包括共產黨內忠貞的同

志,和共產黨有過長期合作歷史的朋友,有才能的知識分子,一些政治上熱情而不成熟的青年。

經濟建設的重大變化,是第一個五年計劃建設在這年收官,並超額完成任務。隨着一大批重點工程建成投產,新中國在一窮二白的基礎上,初步奠定起自己的工業框架。從前連鐵釘都要進口的中國,有了自己的飛機、汽車、機牀和電子等工業,大體解決了工業化進程中「從無到有」的問題。

1957 年,留在人們記憶中的還有,第一座橫跨長江鐵路公路兩用的武漢長江大橋建成通車,它不僅把武漢三鎮連成一體,還貫通了長期隔離的京漢和粵漢鐵路。當時世界上海拔最高的新疆通往西藏的公路也建成了,它全長 1179 公里,有 915 公里在海拔 4000 米以上,海拔最高達到 5500 米。

這兩項成就是很有象徵意味的,中國的建設將越來越往高處走,越來越面臨艱難的大幅度跨越。這不,11 月 13 日《人民日報》的一篇社論中,便提出在生產建設戰線上「來一個大躍進」的説法。

1958 年

遭遇激情

　　1958 年第一天，如果聽收音機或打開報紙，人們會感受到一股激情洋溢的氣氛。《人民日報》發表的社論説：要「乘長風破萬里浪」，「鼓足幹勁，力爭上游，掃除消極保守的暮氣」，「乘壓倒西風的東風前進！」

　　接踵而來的，確實是一些力爭上游的好消息：中國第一個特大型鋼鐵聯合企業武漢鋼鐵公司建成投產；中國第一座實驗性原子反應堆和迴旋加速器正式建成運轉；大連造船廠建造的中國第一艘萬噸遠洋貨輪下水；三門峽水利樞紐工程截流工程完成；天津無線電廠試製成功「北京」牌電子管黑白電視機……

　　讓老百姓最感興趣的，是 3 月 17 日那天，北京電視台（也就是後來的中央電視台）開始首播，播出有電影動畫片《小貓釣魚》和 5 個演唱節目。電視台的發送設備安裝在 11 層高的中

央廣播大廈裏，離電視台 25 公里範圍內的居民可以收看。據說首播那天的觀眾只有 400 多人，但人們看到了長風破浪的未來生活模樣。

暮春時節，新中國成立頭天奠基的人民英雄紀念碑，在天安門廣場揭幕建成。高達 37.94 米的碑身正面，「人民英雄永垂不朽」8 個鎦金大字格外醒目。鑲嵌在碑座四周的 10 塊漢白玉大浮雕，藝術再現了虎門銷煙、金田起義、武昌起義、五四運動、五卅運動、南昌起義、抗日遊擊戰爭、勝利渡長江、支援前線、歡迎人民解放軍的生動場景。從此，這裏成為人們憑弔先烈的標誌性場所。

塑造社會主義社會幹部和群眾的新型關係，在這年動靜不小。各級軍官紛紛下到基層當兵，穿上普通士兵的軍裝，與士兵們同吃、同住、同勞動、同操練、同娛樂。南京軍區司令員許世友上將下到連隊的第一句話是：「上等兵許世友前來報到，請分配工作。」隨後他和士兵們一起參加攀登、海上游泳、射擊等各種訓練。不光軍隊如此，中央領導人也抽出時間紛紛參加勞動，他們到正在興建的十三陵水庫工地挖土挑土，一派飄灑激情的熱火朝天場面。當時拍下的鏡頭和圖片，後來反覆出現在人們的視野當中。

更讓人激動的是，6 月 30 日《人民日報》報道，江西省餘江縣消滅了為害千年的血吸蟲病。毛澤東當晚是「浮想聯翩，夜不能寐」，遂寫下詩句：「春風楊柳萬千條，六億神州盡舜堯。

紅雨隨心翻作浪，青山着意化為橋……」這首詩被他命名為《送瘟神》。

中國最大的「瘟神」是一窮二白。就在毛澤東寫《送瘟神》的時候，一場為改變貧窮落後面貌的「大躍進」運動，開始進入激情洋溢的高潮。無論男女老少，都迸發出罕見的浪漫和激情，目標是「超英趕美」，這是個家喻戶曉的口號。

「超英趕美」的一個重要指標，是鋼鐵產量。於是，人們看到，到處都貼有「鋼鐵元帥升帳」「全民大辦鋼鐵」的標語。還流行起一首叫《今年鋼產千萬噸》的歌曲。但是用小規模、土辦法，靠缺少專業技術的群眾煉出來的鋼鐵，多不能用。

農業生產的「大躍進」，是和「放衛星」聯繫在一起的。有的地方提出，「人有多大膽，地有多大產」，似乎單憑激情大幹，地裏的莊稼就可以隨心所欲地瘋長。《人民日報》還發表社論說，「沒有萬斤的思想，就沒有萬斤的收穫」。於是，畝產數字的「衛星」越放越高。到 9 月 25 日，見諸報端的小麥畝產最高的是青海柴達木盆地賽什克農場第一生產隊的 8586 斤，稻穀畝產最高的是廣西環江縣紅旗人民公社的 130435 斤。實際上，是把好些畝地的糧食堆到一畝地裏來計算的。

農業「大躍進」還催生出社會組織的變革。為適應「農業水利化、機械化和文化革命」的需要，4 月間，河南省遂平縣嵯岈山衛星社，由 27 個小社合併成有 9369 戶人家的一個大社。8 月 4 日，河南省新鄉縣七里營鄉第一個掛出「人民公社」的牌

子。鄉社合一，由此成為農村體制的重大變革。到 10 月 1 日，
《人民日報》報道：全國農村基本實現人民公社化，共有人民公
社 23397 個，參加的農戶達到總農戶的 90.4%，平均每個公社
4797 戶。公社（實即傳統的鄉）下面叫生產大隊，每個自然村
則叫生產隊（或稱小隊）。不少地方還以大隊或小隊為單位辦起
了集體食堂。據說這樣做可以解放一批婦女勞力，解決生豬家
禽的餵養，便於發展集體副業，還可以計劃用糧等等。

文化領域的「大躍進」，更充滿激情。為了挑戰教授，有
的學生幾個月就寫出一部《中國文學史》；有的省份提出「一年
變成文化省」；在人民公社，則時興放詩歌衛星，要求每個鄉出
一個郭沫若，每個人都要寫詩。「共產主義是天堂，人民公社是
橋樑」這樣的詩意表達，傳達着當時社會普遍的激情。實際上，
這年發表和出版的文學作品，後來進入文學史的，依然是專業
作家的作品，比如《青春之歌》《苦菜花》《野火春風鬥古城》。

10 月中旬，毛澤東了解到一些情況後，開始擔心了，決定
糾偏。11 月初和 12 月上旬，中央先後在鄭州和武漢召開規模不
小的會議，提出破除迷信，不要把科學真理也破了；不要弄虛
作假，不要虛報成績，不要去爭虛榮，要老老實實；要壓縮空
氣，頭腦清醒，把根據不足的高指標降下來。從放衛星到壓縮
空氣，從胡思亂想到頭腦清醒，單憑表面激情是不能持久的，
是不能創造奇跡的。

台灣海峽兩岸的局勢，也是熱火朝天。8 月 23 日下午，

大陸這邊數百門大炮齊發，炮彈鋪天蓋地般壓向台灣國民黨佔據的金門、馬祖。歷史學家們通常認為，這場炮戰的結果，阻止了美國政府壓制蔣介石從金門、馬祖撤軍，割斷同大陸的聯繫，進而製造「兩個中國」的圖謀。局勢緩和下來後，大陸先是宣佈雙日停，單日打，接着，單日也只打到無人的海灘。再以後，雙方打的實際上是「宣傳戰」：用大炮發射傳單等宣傳品。

1959年

慶典時刻

1959年，是新中國成立十周年的慶典之年。

慶典之前，先來的是多事之「秋」，而都是在春天裏出現的。

全國有十幾個省區出現了春荒，市場糧食緊張，副食品及一些工業品供應不足。經濟生活漸漸進入後來人們說的三年困難時期。為此，中央出台一些政策，開始糾正「大躍進」運動中的錯誤做法。比如，決定實行人民公社三級所有、隊為基礎的制度，鼓勵農民發展家庭副業，充分利用房前屋後、水邊路旁的零星閒散土地種植莊稼、林木，誰種誰收，不收公糧。

西藏上層的分裂勢力，在3月間發動武裝叛亂。人民解放軍平息這場叛亂後，西藏自治區籌委會決定在西藏廢除農奴制度，實行民主改革。西藏是中國大陸最後一個實行民主改革的地區。

春天畢竟帶來了慶典氣氛。體育界接連傳來兩個好消息。舉重運動員陳鏡開在莫斯科杯國際個人舉重錦標賽中，以 148 公斤的成績，再次打破次輕量級挺舉世界紀錄。21 歲的乒乓球運動員容國團，在西德多特蒙德舉行的第 25 屆世界乒乓球錦標賽上，奪得男子單打世界冠軍。這是中國人贏得的第一個乒乓球世界冠軍，由此在全國掀起了乒乓球熱。後來，乒乓球成為中國的「國球」。1959 年，新中國還舉辦了第一屆全國運動會，設有 36 個比賽項目，有 30 個代表團一萬多名運動員參加。

4 月，在北京舉行的二屆全國人大一次會議上，毛澤東堅決辭去國家主席職務，他説想騰出更多精力來思考和研究一些大問題。劉少奇繼任國家主席之職，副主席是宋慶齡和董必武，朱德為全國人大常委會委員長，周恩來仍然是國務院總理。同時召開的全國政協三屆一次會議，選舉毛澤東為名譽主席，周恩來為主席。這個領導格局保持了相當一段時間。

在這次會議上任命的國防部長彭德懷，半年後由林彪取代了。夏天在江西廬山召開的中央工作會議，本來是要進一步糾正「大躍進」以來的「左」傾錯誤。彭德懷發出一封信後，會議轉而批判黨內右傾機會主義。這是讓人歎息的意外之事。

國慶十周年慶典就要到了。這時候的北京變了模樣。人民大會堂、民族文化宮、北京火車站、中國革命博物館和中國歷史博物館等十大建築，相繼竣工，這些建築至今具有地標性意義。

與此同時，一批建設成就讓人鼓舞。包頭鋼鐵廠一號高爐

建成投產，這是當時中國最大的自動化大型高爐之一；中國第一
拖拉機製造廠在洛陽舉行落成典禮，該廠投產後，每年可生產
「東方紅」牌柴油履帶式 54 馬力拖拉機 1.5 萬台；大同機車廠試
製成功第一台蒸汽機車；中國第一台大型快速通用數字電子計
算機試製成功；後來人們習以為常的立體電影也試放成功。還
有，國家確定 16 所高等院校為全國重點大學，到 1960 年重點
院校增加至 64 所⋯⋯

最應該記住的是，這年 6 月，為了給未來的國家慶典買份
保險，點響一個大的「炮仗」，中國決定自主研發原子能武器。
在沉寂千年的羅布泊這片廣袤而神祕的「死亡之海」，中國開始
建設核試驗基地。一批著名的科學家「消失了」，他們改名換
姓，遠赴西北這個長滿馬蘭花的地方，他們的工作場所由此取
名為「馬蘭基地」。

10 月 1 日國慶節那天，天安門廣場舉行盛大的閱兵分列式
和 70 萬人的大遊行。受檢閱部隊的裝備，有最新式的自動步
槍、大炮、坦克、高速度噴氣殲擊機等。遊行隊伍的圖表、實
物和模型，展示出中國過去不能製造的東西，像高級轎車、拖
拉機、飛機、輪船、精密車牀、大型發電機、實驗性重水反應
堆、靜電加速器、迴旋加速器、電子計算機等，現在都能製造
了。工人們打的標語是：「為今年完成第二個五年計劃而奮鬥！」
農民們打的標語是：「為提前和超額完成十二年農業發展綱要
四十條而奮鬥！」

在天安門城樓上，人們看到前來參加中國國慶節的蘇聯共產黨總書記赫魯曉夫。但人們不知道的是，中蘇蜜月關係已走到盡頭。與此同時，西方世界掀起了一場不小的反華浪潮。中國所處的國際環境，開始進入真正的多事之秋。

年底傳來的最大新聞，是特赦首批戰爭罪犯 33 名，其中包括在淮海戰役被俘的原國民黨徐州「剿總」中將副司令杜聿明，還有中國歷史上最後一個皇帝、後來又甘願當日本人扶持的偽滿洲國皇帝的溥儀。溥儀在北京植物園有了一份正式工作。他後來寫了本書，叫《我的前半生》，影響很大。

十年辛苦不尋常。慶典時刻的中國，也不容易。

1960 年
在困難面前

　　年初，你如果沿着長江和黃河走一趟，會看到一些欣喜的場景。在武漢，中國第一條跨越長江的 220 千伏高壓電線，在武昌和漢陽之間架通起來。在黃河流域，位於甘肅蘭州附近的劉家峽水利工程大壩，在元旦那天合龍；2 月間，位於寧夏的青銅峽水利工程大壩合龍；4 月，鄭州的黃河大鐵橋建成通車。

　　當你沿黃河走到山西省平陸縣，有個生動故事似乎正等着你參與。2 月 2 日，有 61 位民工食物中毒，必須在 4 日黎明之前注射特效藥「二巰基丙醇」。縣醫院司藥員當夜趕往三門峽市找藥，黃河船工打破黃河不夜渡的老例，送司藥員過了河。但三門峽及其周圍各城均無此藥。3 日下午，平陸縣委掛長途電話給北京王府井特種醫藥商店求援，該店職工立即到 15 公里外的庫房取來 1000 支藥劑；衛生部向空軍求助，空軍飛機當夜飛至

平陸上空投下藥箱。各方協作，終於從死神手裏奪回 61 名民工的生命。這件事被寫成一篇題為「為了六十一個階級兄弟」的通訊報道，後來收入中學課本，影響了幾代人。

5 月，中國登山隊的第一代運動員，經歷千難萬險，從人類尚未涉足的北坡，登上地球最高點珠穆朗瑪峰。這彷彿是一個象徵，告訴人們，中國是在一種非常狀態中走進 20 世紀 60 年代的。1960 年是新中國三年困難時期最為嚴峻的一年。

中蘇關係的惡化公開了。7 月 16 日，蘇聯撤走專家，取消了 257 個技術合作項目，再加上催還貸款之舉，歷史學家們後來說這使中國經濟雪上加霜。

人們感受最深的是飢餓和困難。中共中央黨史研究室編寫、2016 年出版的《中國共產黨的九十年》，這樣描述：「黨和人民面臨着新中國成立以來最嚴重的經濟困難。許多地區因嚴重缺糧而相當普遍地發生浮腫病，不少省份農村非正常死亡人口急劇增加。由於出生率大幅度降低、死亡率顯著增高等原因，1960 年全國總人口比上年減少 1000 萬。」

毛澤東這年寫的《十年總結》，更是感慨萬千。他說：「我們對於社會主義時期的革命和建設，還有一個很大的盲目性，還有一個很大的未被認識的必然王國。我們還不深刻地認識它。」他還在一份文件中加寫了這樣一段話：「毛澤東同志對這個報告看了兩遍，他說還想看一遍，以便從中吸取教訓和經驗。他自己說，他是同一切願意改正錯誤的同志同命運、共呼

吸的。他說，他自己也曾犯了錯誤，一定要改正。」

在困難面前，中國人特別強調自力更生，去攻克難關。

1960 年，國家對石油及其產品的需求量超過 1000 萬噸，國內最大的生產能力是 500 萬噸，缺口巨大。當時西方國家對中國實施經濟封鎖，中蘇關係又開始惡化，進口石油非常困難。國內到處都喊缺油，連北京的公共汽車也背上了煤氣包，空軍訓練和執勤的飛機也因為油料緊張不能正常起飛。

這年春天，幾千名科技人員、4 萬多名工人，從四面八方匯聚到東北的松遼平原，進行開發大慶油田的大會戰。會戰期間糧食緊張，黑龍江省政府發出號召：全省每人節約一斤糧食，支援大慶。幾千萬斤糧食就這樣源源不斷地運到了大慶。

6 月，從大慶油田開出了第一輛滿載原油的火車。隨這列火車傳送出來的，是一個大慶工人的名字，叫王進喜。他的名言是：「寧可少活 20 年，也要拿下大油田！」他帶着隊友們，用肩扛手抬的原始辦法，把 35 噸重的鑽機設備安裝就位；三天三夜，將 38 米高 22 噸重的井架矗立荒原；在發生意外井噴時，他率先跳進泥漿池用身體來攪拌水泥，被稱為「王鐵人」。而他們每天只吃 5 兩糧食，住在冰冷潮濕的地窖子裏。4 月 19 日，王進喜五天五夜不下「火線」，帶領他的「1205」鑽井隊打出會戰開始後的第一口油井。1960 年，「1205」鑽井隊打井 19 口，完成進尺 21258 米，創造了世界石油鑽井史上的奇跡。

在困難面前，奇跡還在發生。11 月至 12 月，中國連續發

射三枚自製的地地導彈，取名為「東風一號」。「東風」系列導彈這個名稱，沿用至今。

在工礦企業，這年開始推廣「鞍鋼憲法」。內容是開展技術革命，大搞群眾運動，實行「兩參一改三結合」，即幹部參加生產勞動，工人參加企業管理，改革不合理規章制度，領導幹部、技術或管理人員與工人相結合，實行黨委領導下的廠長負責制。

1961 年

大調整

1961 年，是各領域政策大調整的一年。

1 月，在北京召開的中共八屆九中全會，決定對國民經濟實行「調整、鞏固、充實、提高」的八字方針，實際上就是改變三年「大躍進」期間的經濟發展方式。調整政策，自然是要先摸清情況。毛澤東說，要大興調查研究之風，把 1961 年搞成實事求是年。

隨後他親自組建三個調研組，分赴浙江、廣東和湖南調研。幾乎所有的中央領導人都先後下到農村搞調查研究。國家主席劉少奇回到闊別多年的故鄉湖南，在長沙縣天華村的農民中間住了一個多月，曾扒開農民的糞便，看看他們每天到底吃的是什麼東西。

在隨後制定的政策中，基本上取消了「大躍進」期間辦的

公共食堂，農民又重新支起鍋來燒自家的飯了。他們的自留地也普遍恢復，在自家地裏種點東西勁頭就是不一樣。農民搞的家庭副業，開始活躍農村市場。在生產隊裏幹活，依然還是評工記分，敲鐘吹哨統一下地收工，但有的地方卻實行起定產到田、責任到人的「生產責任制」。

國家計委大幅度壓縮基建投資和大中型項目。由此，在許多人的記憶中，經濟調整帶給他們的是一次人生大調整。由於職工隊伍和城鎮人口急增，加重了國家財政和城市糧食供應的壓力。中央決定精減職工人數，壓縮城鎮人口，動員來自農村的新職工，帶着家屬離職回鄉務農，力爭在三年內將城鎮人口減少 2000 萬人。僅 1961 年，就有 1300 萬人從城市回到了農村，相當於一個中等國家人口遷移。許多人為了生活來到城市，為了更美好的生活，自然想留在城市，但為了大局，又不得不回鄉成了農民。毛澤東感慨地說：我們的人民好啊！幾千萬人招之即來，揮之即去。與此同時，各地還精簡下放近百萬幹部到農村工作。

有一位叫邢燕子的天津姑娘，這年在報上發表《無窮樂趣在農村》的文章，引起了人們的關注。她三年前在天津市初中畢業後，回到父母老家河北省寶坻縣農村務農，還組建了「邢燕子突擊隊」。她在這篇文章中講述自己在農村勞動的心得體會，感染了許多城市青年。父母都是國家幹部的北京市高中生侯雋，來年畢業後放棄珍貴的北京戶口，也到寶坻縣當了一名

農民。她們兩位從此成為下鄉知識青年的典型。

54 歲的科學家王淦昌這年也遭遇了人生大調整。他領導的科研小組剛剛因為發現了反西格瑪負超子獲得世界關注，領導卻讓他去參加並非專業所長的原子彈研製工作。雖感到很意外，但他卻並不意外地回答：「我願以身許國。」此後，王淦昌從世界物理學界消失了，在中國西北的核試驗基地，多了一位主持爆轟實驗叫「王京」的人。一同來到核試驗基地的，還有美國原子彈之父奧本海默的師弟彭桓武、錢學森的同學郭永懷。

從 1961 年起，中央陸續制定和批准了一批工作條例和規定。比如《農業六十條》《商業四十條》《手工業三十五條》《林業十八條》《文藝八條》《高教六十條》等等。其中，《科學十四條》規定，研究機構要定方向、定任務、定人員、定設備、定制度，使研究工作相對穩定。《工業七十條》規定，企業職工的勞動報酬，要貫徹按勞分配的原則，反對搞平均主義，可實行計時工資或計件工資，嚴格執行考勤制度。這批條例，是多年來正反兩方面經驗的有益總結，促進了國民經濟和社會關係的大調整。

一些新的流行歌曲唱遍中國。有意思的是，它們都來自這年上映的電影。《洪湖赤衛隊》裏的「洪湖水，浪打浪……」《紅色娘子軍》裏的「向前進，向前進，戰士的責任重，婦女的怨仇深……」《冰山上的來客》裏的「花兒為什麼這樣紅……」這些歌曲，幾十年後依然流行。這年年底出版的長篇小說《紅巖》，幾十年後也依然流行。

1962 年

感受春秋

這年春天的故事格外多。

1 月，中國共產黨召開自成立以來最大規模的中央工作會議。從中央到地縣級的領導幹部，有七千多人參加，目的是解決 1958 年以來黨的工作路線問題。當時有一個形象的說法，叫出氣。這次會議，基本上理順了「大躍進」以來一些政策上的分歧，為進一步落實正在進行的大調整統一了認識。

春意萌動的時節到來了。繼經濟工作大調整後，社會關係也開始了大調整。

比如：不許隨意給歸國華僑、僑眷、歸僑學生在國外的家庭和親友關係，扣上「海外關係」的帽子；凡是在此前各項運動中批判和處理錯了的黨員幹部，均採取簡便辦法迅速甄別平反，這項政策使幾百萬人的政治生活萌動起春意；從 1961 年起

被精簡壓縮回到農村的城鎮職工，要給他們發放退職補助費，上千萬人的經濟生活萌動起春意；還有，決不能把中國提倡節制生育，同馬爾薩斯人口論混為一談，政府重申加強對計劃生育工作的領導，使生育問題由毫無計劃的狀態逐漸走向有計劃的狀態。

春節期間，人民解放軍廣泛開展評選「五好」戰士活動。所謂「五好」，是指政治思想好、軍事技術好、三八作風好、完成任務好、鍛煉身體好。這是人民軍隊在戰爭年代開展的立功創模運動，在和平年代的新發展，後來被固定下來。被評為「五好」戰士，是許多人入伍當兵的一個夢想。戰士提為幹部，如果不是「五好」戰士，想都別想。

這年的春天，在知識分子和文化人的記憶中，也很燦爛。

1月，國家成立了東方歌舞團，專門學習和表演亞非拉國家的歌舞。後來他們演出了許多很有名的節目。

2月，周恩來和陳毅在廣州召開的文藝和科學兩個會議上宣佈，要為知識分子脫掉「資產階級知識分子」之帽，加上「無產階級知識分子」之冕。「脫帽加冕」的知識分子別提有多高興了。還有一批知識分子，則摘掉了更沉重的「右派」帽子。從1960年到1964年，分5批摘掉了30餘萬人的「右派」帽子，分別給予安排工作、幫助就業。

4月公佈的《文藝八條》規定，要進一步貫徹執行「百花齊放、百家爭鳴」的方針。這個月在人民大會堂召開詩歌創作座

談會時，除郭沫若、周揚等文藝界領導，連朱德、陳毅兩位元帥詩人也來了。在大連召開的農村題材短篇小說創作座談會，還批評了前幾年文學創作中脫離現實、迴避矛盾、拔高英雄等不良傾向，提出要大膽寫「中間狀態人物」。

5月，新中國第一屆電影百花獎評選揭曉。在1960年和1961年公映的電影中，謝晉導演的《紅色娘子軍》獲得最佳故事片、最佳導演、最佳配角和最佳女演員四項大獎。獲得其他獎項的影片還有《革命家庭》《紅旗譜》《洪湖赤衛隊》《馬蘭花》，獲獎的還有紀錄片《兩種命運的決戰》《亞洲風暴》《征服世界高峰》，科教片《沒有「外祖父」的癩蛤蟆》，美術片《小蝌蚪找媽媽》，戲曲片《楊門女將》。這次評選受到觀眾極大歡迎。在通信不發達的時代，連電話都稀有，僅靠寄信投票，《大眾電影》編輯部共收到11萬多張選票。此後，在電影評獎中獲獎的22位電影明星，長時間成為觀眾心中的偶像。

這年，由上海江南造船廠製造的中國第一台萬噸壓力的自由鍛造水壓機，在上海重型機器廠試車完畢，正式投入生產。這台鍛壓設備重量為2200噸，比國外生產的要輕800噸，它的主機有六七層樓高。當時，只有美國、英國、聯邦德國、捷克斯洛伐克能製造這種機械，總共生產了20台左右。

人們把歷史叫做春秋，是因為它總有代序，會有變化。這年秋天，指導思想的變化是提出要講階級鬥爭。不過，這個變化還沒有直接影響到更多人的生活。人們當時更關注的，是10

月間中國軍隊被迫發起中印邊境自衛反擊戰。中國軍隊一舉收復了被印度軍隊侵佔的我國邊防據點，並一直打到我國的藏南地區。隨即，中國提出全線停火，並主動後撤，雙方政府隨後開始長期的邊境談判。

台灣的國民黨當局也來湊熱鬧了。蔣介石發表《告全國同胞書》，聲稱要進行「反共抗暴的革命運動」，還成立了「反攻行動委員會」，不斷派小股特務到大陸沿海地區進行試探性軍事騷擾，甚至利用美國提供的高空偵察機，竄擾中國大陸上空。好消息是，中國軍隊 9 月擊落一架 U-2 型高空偵察機，10 月又殲滅四股在廣東沿海登陸的國民黨特務。

1963 年

典 型

　　1963 年出現的典型人物和典型事件，着實不少。許多典型人物的故事，到今天人們還耳熟能詳。

　　新中國成立後最大的人格典型雷鋒，就是從 1963 年起成為時代楷模的。3 月 5 日，《人民日報》發表毛澤東「向雷鋒同志學習」的題詞後，報上還發表了劉少奇、周恩來、朱德、鄧小平等黨和國家主要領導為他寫的題詞。隨即，全國掀起了學習雷鋒先進事跡的熱潮。

　　22 歲的瀋陽軍區工程兵某團運輸連四班班長雷鋒，1962 年在施工時因一根電線杆子猝然砸下而殉職。此前他普普通通地生活着、工作着，就是他的死，也是那樣的偶然和平凡，似乎難尋出大英雄身上常常見到的氣壯山河的悲壯色彩。他的名字卻家喻戶曉，原因是他在日常生活中做了許多平凡的好事。比

如，工作上的事情他總是帶頭去做；幫助戰友學習，義務當少先隊的校外輔導員；在火車上幫扶老人，有人中途丟了車票，他就自己掏錢幫她買；哪裏受了災就匿名寄錢去援助，戰友的父親生病，則用戰友的名字寄錢幫助；等等。他做好事從不對人說，有人覺得比較傻，他就在日記中寫道：「如果說這就是傻子，那我是甘心願意做這樣的傻子的。革命需要這樣的傻子，建設也需要這樣的傻子。」詩人賀敬之這年發表的長詩《雷鋒之歌》，影響很大。在很長的時間裏，全國每年 3 月都要普遍開展「學雷鋒活動」。人們說，雷鋒實際上是時代陽光照耀下呈現出來的典型人格氣象。

人民軍隊出現了一個先進典型群體。國防部授予上海警備區某部八連「南京路上好八連」稱號。他們的事跡是身居鬧市，一塵不染，拒絕腐蝕，艱苦奮鬥。毛澤東還專門寫了首詩，叫《好八連》：「好八連，天下傳。為什麼？意志堅。為人民，幾十年。拒腐蝕，永不沾。」這年拍攝的電影《霓虹燈下的哨兵》，就是根據「好八連」的故事改編的。

還有位叫歐陽海的解放軍戰士，在京廣鐵路線上，當一匹受驚的馬即將與飛馳而來的火車相撞時，他衝上路基，把那匹馬拉了下來，自己卻犧牲了。有位作家後來寫的長篇報告小說《歐陽海之歌》，許多人都讀過。

42 歲的張秉貴，作為商業領域的勞動模範，也在這年走進了人們的視野。他是北京市百貨大樓售貨員，練就一套神奇

的手上功夫，顧客要買糖果，說是二兩，一把抓起來，上秤一稱，不多不少。看到客人買點心時拿不定主意，他會想到或許客人想吃鹹的，於是推薦，客人感慨：「你真體貼顧客的心理。」他的服務精神，被人們比喻為對顧客「胸中有一團火」。

著名勞動模範趙夢桃這年去世了。她成立的西北國棉一廠「趙夢桃小組」，年年出色地完成國家計劃，被評為全國先進集體。她生前的工作崗位，由另一位勞動模範吳桂賢接了過去。

說完典型人物，該說典型事件了。

醫學領域這年的典型事件是，有位工人的右手從腕部被完全軋斷了，事故發生後大約半個小時，上海市第六人民醫院的外科醫師成功把他的右手重新接了起來。這種「前臂完全性創傷性截肢再植手術」成功，在國內是第一次。

經濟社會領域這年的典型事件，是中央政府再次成立國家計劃委員會，主要任務是討論研究年度計劃和長遠計劃的方針、政策及主要指標，研究和確定實現計劃的重大措施。與此相關的事情有三件。一是，從 1960 年開始的精減中央機關及其在京單位人員，實現了精減一半的目標。二是，由於經濟發展形勢見好，國家調整了全國職工工資，人均年收入達到 643 元，比上一年增加 50.4 元。三是，據新華社報道，中國已有 1000 多個縣市的農村用上了電，中國郵電通信網絡已延伸到廣大農村，95% 以上的人民公社通了電話。

從下半年開始，全國農村發生的典型事件，是開展清理賬

目、清理倉庫、清理財物、清理工分的「四清」運動。對外，則是中蘇兩黨的論戰，開始進入高潮。由於蘇共中央在 7 月 14 日發表給中共中央的《公開信》，中共中央遂在這年連續推出六篇評論蘇共中央公開信的文章。到 1964 年一共發表九篇，史稱「反修九評」，影響很大。

1964 年

故事紛呈

這年的變化不小，涉及方方面面，可謂是故事紛呈。

故事是從年初的三場學習活動開始的。

先是中央號召全國的工業要向大慶學習。緊接着，《人民日報》刊登新華社記者的通訊報道《大寨之路》，介紹了山西省昔陽縣大寨大隊挑戰窮荒山坡，改變山區面貌，發展生產的事跡。大寨由此成為全國農村艱苦創業的榜樣。隨後，軍隊掀起學習「郭興福教學方法」的運動。郭興福是南京部隊某團二連連長，創造了一套軍事訓練的先進教學方法，能夠讓戰士迅速掌握各種戰鬥本領。一場「比、學、趕、幫、超」的大練兵、大比武隨即開始，並湧現出許多「神槍手」「神炮手」「技術能手」，國防部還授予某部六連以「硬骨頭六連」稱號，因為他們的一切工作都立足於打頭陣、打硬仗、打大仗、打勝仗。

這三場活動，後來定型或延伸為「工業學大慶」「農業學大寨」「全國人民學習解放軍」，意在彰顯那個年代工農兵意氣風發、艱苦創業的精神氣象。

內蒙古達爾罕草原傳出一個故事。11歲的龍梅和9歲的玉榮出門放羊時，氣溫驟降到零下37攝氏度，為保住集體的羊群，她們與狂風暴雪搏鬥了一天一夜，險些失去生命，後來被稱為「草原英雄小姐妹」。

不用說，最轟動的大故事，發生在秋天。10月13日，遠在青海的核試驗基地向中央發出密電：「老邱昨天22點30分穿好衣服，住下房。」意思是試驗用的原子彈已經裝配完畢，安放於試驗鐵塔下的裝配間裏。16日下午3點，當那顆耀眼的火球從戈壁上升起時，核試驗基地現場一片歡騰。為了這一時刻的到來，一批科學家和部隊官兵，已經在這裏苦苦奮鬥整整五年。中國政府當天宣佈：在任何情況下都不會首先使用核武器。這個故事傳到國外，許多華僑甚至比國內的人們還要激動。

原子彈試爆成功那天晚上，北京人民大會堂正在演出大型音樂舞蹈史詩《東方紅》。這部由3000多人參加演出的大型歌舞，氣勢磅礴地講述了中國革命和建設的歷史故事。它以40多年來各個時期最能反映時代精神的歌曲，作為各場音樂的基本主題，塑造了眾多的英雄群像，有很強的藝術感染力，被認為是難以複製的文藝經典。

文化故事確實熱鬧紛呈。這年出現的文藝作品，如長篇小

説《豔陽天》、歌劇《江姐》、豫劇《朝陽溝》、電影《阿詩瑪》、歌曲《大海航行靠舵手》，人們幾乎沒有不熟悉的。7 月間，還在北京舉辦了京劇現代戲觀摩演出大會，一些劇目講述的故事，後來的中國人就更熟悉了。比如，《蘆蕩火種》（即《沙家浜》）《紅燈記》《奇襲白虎團》《紅色娘子軍》《智取威虎山》《杜鵑山》等，後來的八個「樣板戲」基本上都是從這次演出節目中精選打磨出來的。《人民日報》由此發表題為《文化戰線上的一個大革命》的社論。與此同時，戲曲《李慧娘》、電影《早春二月》和《北國江南》受到批判。

有意思的是，這年還對全國各廠家生產的自行車進行了評比，獲得前三名的是上海的永久牌、鳳凰牌和天津的飛鴿牌。從此以後，能夠騎上這三種品牌的自行車上下班，成為城裏人的時髦。在小鎮和農村，能夠騎上自行車，不僅是時髦，而且是豪華的身份象徵。這自然屬於老百姓的生活故事。

更有意思的是，這年的報紙，不斷接到老百姓的來信，主動討論他們的生活故事。在北邊，有人在《天津晚報》上説，他們廠有青年留着油光光的「燕尾式」大背頭，是不對的，應該把精力用在工作和學習上；有人説，平時喜歡打扮，燙個新式髮型，做件時裝，是人民生活提高的具體表現，怎麼能和追求資產階級的生活方式聯繫在一起呢？在西邊，有人給《陝西日報》寫信説，看到一些日用百貨商店裏擺設的香粉，有的叫「夜來香」、「美人香」，含意污濁，使人反感。在南邊，有人給

《羊城晚報》寫信說，奇裝異服使人在精神面貌上變得頹廢，對健康也有害處。

中國故事的國際環境，開始發生變化，變化中有喜有憂。喜的是法國這年宣佈與「台灣」斷絕外交關係，成為第一個和中國正式建交的西方大國。成立不久的中國地空導彈部隊，連續擊落侵入中國領空的美制 U-2 型高空偵察機，開創了以防空導彈擊落敵機的先例。讓人憂慮的是，8月，美國軍隊轟炸越南的北部灣，入侵越南的戰爭升級，直接威脅到我國的南部邊境的安全，中國周邊局勢越發嚴峻起來。

故事延伸到年末，是一個「豹尾」。在 12 月召開的三屆全國人大一次會議上，周恩來宣佈：從 1961 年以來調整國民經濟的任務已基本完成，未來中國故事的主題，是建設具有現代農業、現代工業、現代國防和現代科學技術的社會主義強國。這個戰略目標，後來被稱為「四個現代化」。

1965 年

舉措並進

　　1965 年的大舉措不斷，呈現出多頭並進的氣象，各方面事業都有大幹一場的勢頭。

　　在老百姓的記憶中，1965 年的經濟發展形勢喜人，日子過得不錯。工農業總產值比上年增長 20.4%，市場供應也相對豐富。

　　經過多年積累，科技領域成果不斷，創下不少「第一」。這年首次人工合成結晶牛胰島素，後來人們評價說，這是一項在世界上處於領先地位的諾貝爾獎級的成果。還有，中國第一例人造心臟瓣膜用於臨牀，中國第一部 24 階中型電子模擬計算機、中國第一台一級電子顯微鏡，也分別在天津和上海研製出來了。

　　經濟建設上，中國第一座維尼綸廠在北京建成並投入生產，這是工業原料來源的一次飛躍；從甘肅蘭州到新疆烏魯木

齊全長 1892 公里的蘭新鐵路建成通車；絕大多數中國人沒有聽說過更沒有見過的地下鐵路，也在北京開工興建。這些成就，確有些高歌猛進的感覺。

最大的經濟建設舉措，毫無疑問是去年定下來要搞的「三線建設」。當時中國大陸，東面，美國支持下的台灣當局聲稱要反攻大陸；南面，是美國軍隊入侵越南北方；北面，中蘇關係惡化，蘇聯開始在中蘇邊界佈下重兵。三面都面臨威脅，戰略基點唯有向西部縱深地區轉移。再加上歷史上造成的東西部發展不平衡，產業也需要向西部延伸。由此，中央提出一、二、三線的戰略大佈局，也就是說，東部沿海地區為一線，中部地區為二線，西部地區為三線，在三線地區集中建設一批具有戰略意義的工礦企業和科研院所。

從 1965 年起，三線建設進入高潮，相繼成立西南、西北、中南三線建設委員會。從 1959 年後便賦閒的彭德懷元帥，也啟程到四川成都任西南三線建設副總指揮。從一線地區搬遷到三線地區的工廠企業約有 400 個。全國各地調集精兵強將和好設備支援三線，當時稱之為「好人好馬」上三線。四川南端的攀枝花鋼鐵基地是三線建設的重中之重，年初，國家調集 5 萬多職工從全國各地匯集攀枝花，還從全國各地徵調幾千輛汽車把物資和生活用品源源不斷送到這裏。

三線建設一直持續到 1970 年代末。先後建成四川攀枝花鋼鐵工業基地、甘肅酒泉鋼鐵廠、成昆鐵路、重慶兵器工業基

地、成都航空工業基地、西北航空航天工業基地、核工業新基地、湖北第二汽車廠等，還新設了許多科研機構和院校，形成了攀枝花、綿陽、六盤水、寶雞、酒泉等一批新興工業城市，大大促進了西部地區的經濟社會發展。人們說，在戰爭威脅的情況下，這相當於在西部為國家安全購買了一份「保險」。其缺點是成本高效益不突出，浪費比較嚴重。

最大的社會建設舉措，是「把醫療衛生工作的重點放到農村去」。這是毛澤東 6 月 26 日提出的要求。國家的醫療資源由此開始向農村傾斜，農村合作醫療開始成為具有農民集體福利性質的普遍制度。到 1976 年，享受合作醫療的農村人口達到 90%。全國 5 萬多個農村人民公社基本上都建立起了衛生院。最有創意的，是農村出現了大批「赤腳醫生」，他們接受過短期醫療衛生培訓，但無固定工資，也沒有納入國家正式醫務工作者編制，實際上是半農半醫，故被稱為「赤腳醫生」。

以基層建設為重點，多頭並進的大舉措還有不少。比如，這年，全國已經擁有 78 座電台、13 座電視台，圖書總印數達到 21.7 億冊，96% 的縣通了有線廣播。在群眾中開展宣傳活動的文藝團體，活躍在中國的大江南北。在遼闊的內蒙古草原上，還出現文化輕騎隊，被牧民們稱為「烏蘭牧騎」。還有，新華社 9 月 23 日報道，從 1955 年發出「知識青年到農村去」的號召以來，全國已有百萬知識青年上山下鄉到農村落戶。

軍隊建設也是重在基層，倡導官兵平等。最大的舉措是取

消實行 10 年的軍銜制。元帥、將軍、校官和尉官們告別了十分氣派的肩章、領章和大蓋帽，官兵一律佩戴全紅五角星帽徽和全紅領章。走在街上，你很難看出他們的身份，只能細看他們的上裝，有四個兜的是軍官，只有上面兩個兜的是士兵。

穿兩個兜軍裝的工兵班長王杰，這年在訓練民兵時，地雷意外爆炸。為保護在場的十多個人，他撲向炸點光榮犧牲。此後，王杰成了幾乎與雷鋒齊名的學習榜樣。

多頭並進的大舉措，也體現在人們的政治和文化生活當中。在農村，去年開展的着眼於經濟問題的「四清」運動，變換了內容，改為清政治、清經濟、清組織、清思想，成為一場社會主義教育運動。四川美術學院師生們創作的雕塑群《收租院》，在當地展出後引起轟動。這組群雕隨即被拍成電影紀錄片，裏面的一些解説詞，後來還收入學校課本。

文化思想界的「火藥味」日益濃烈起來。11 月 10 日上海《文匯報》發表姚文元的《評新編歷史劇〈海瑞罷官〉》，引起不小震動，也有爭議。在爭議中，誰也沒有想到，這篇文章日後會成為一場政治動亂的序幕。

1966 年

風乍起

1966 年開始的時候，除了思想文化領域，其他領域並沒有什麼異樣，大體循着既有的路子往前運行。比如，1 月間，中央專門發出文件，要求到 1970 年全國人口控制在 8 億，各級領導在抓生產的同時要認真抓好計劃生育，並說這是「一項極為重要的大事」。

1 至 2 月，《人民日報》先後報道了兩位人物的先進事跡。

一位是「海上英雄艇」輪機兵麥賢得。他去年參加對美蔣軍艦的海戰時，在頭部重傷、腦液外溢的情況下，堅持戰鬥達 3 個多小時，直到敵艦被擊沉後再度昏迷過去。麥賢得至今還活着，2017 年中國人民解放軍成立 90 周年的時候，獲得八一勳章。

一位是今天人們已經非常熟悉的河南蘭考縣委書記焦裕祿。為改變蘭考的落後面貌，他在患肝癌的情況下，帶領人民

治水澇、治風沙、治鹽鹼地。他心裏裝着人民，唯獨沒有自己。直到生命的最後一刻，他還囑咐：「把我運回蘭考，埋在沙堆上，死了也要看着你們把沙丘治好。」他在 1964 年去世後，人們稱他為「縣委書記的好榜樣」。他的精神，後來被概括為「親民愛民、艱苦奮鬥、科學求實、迎難而上、無私奉獻」，成為中國共產黨精神譜系中的一項內容。

4 月間，太行山南麓傳來一個好消息，河南省林縣有一條全長 171.5 公里的總幹渠和三條幹渠竣工通水。為擺脫十年九旱的困境，引入北邊的漳河水，從 1960 年開始修建這條水渠。人們後來常常從新聞紀錄電影中看到一個鏡頭，一個叫任羊成的人，把身子吊在繩子上，飛身懸崖絕壁，用鋼釺排除各種險情，這是他每天的工作。林縣人就這樣在太行山脈裏開鑿 211 個隧洞，修建 151 座渡槽，才建成這條「人工天河」，人們叫它「紅旗渠」。如今的紅旗渠，已成為紅色旅遊的景點。

人民解放軍的序列裏，出現一個新的兵種，叫第二炮兵，實際上是戰略導彈部隊。與此同時，中國自行設計研製的「東風二號」地地導彈，攜帶當量相當於 1.2 萬噸 TNT 的核彈頭，從甘肅酒泉發射，擊中 800 公里以外的羅布泊着彈區。中國從此結束原子彈試爆成功後，「有（核）彈無槍」的尷尬局面，擁有了真正意義上的核威懾能力。

今天回想起來，中國的大局面如果能夠繼續沿着這條路子往前發展，該有多好呵。遺憾的是，5 月間，風乍起。

5月16日，中共中央發出一個《通知》，提出「一大批資產階級的代表人物、反革命的修正主義分子已經混進黨裏、政府裏、軍隊裏和文化領域的各界裏」，因此，必須「批判資產階級代表人物，清洗這些人」。隨後，一場公開地、全面地、自下而上地發動廣大群眾來進行的「無產階級文化大革命」運動開始了。

在這場運動中率先鬧騰的是學校，是學生。從5月25日北京大學校園裏貼出「第一張馬列主義大字報」開始，學校裏就再難平靜了。這場所謂「革命」，當時被冠以「文化」之名，主要因為它是從思想文化領域的批判運動引發出來的。

7月取消了高考招生，一下子改變了高中生們的命運。在讀的大中學校的學生，停課鬧革命，不少地方湧動着免費大串聯的身影。以大中學生為主的紅衛兵運動迅速蔓延全國。紅衛兵這個新角色，是當時讓人羨慕的威風凜凜的身份。那些還在讀小學的學生，不久就把「少先隊」改成了「紅小兵」。

隨之而來的是「踢開黨委鬧革命」。紅衛兵和造反派們「破四舊」（指「舊思想、舊文化、舊風俗、舊習慣」）、「批鬥封資修」（指封建主義、資本主義、修正主義），進而發展到抄家、打人、砸物。一些被視為「反動學術權威」「走資本主義道路的當權派」「反革命修正主義分子」的人，受到批鬥和侮辱。

隨着城裏的工人也起來造反，中央一看太亂，9月份提出要「抓革命，促生產」。但抓起了「革命」，起來「造反」的人

哪有心思促生產呢？ 11月9日，「上海工人革命造反總司令部」
（簡稱「工總司」）宣告成立，因為要求見市長的目的沒有達到，
他們居然在安亭車站臥軌攔截火車，要到北京告狀，造成滬寧
線運輸中斷30多小時。

　　16年後，中共中央《關於建國以來黨的若干歷史問題的決
議》，對1966年開始的「文化大革命」運動作了定論，說它是
「一場由領導者錯誤發動，被反革命集團利用，給黨、國家和各
族人民帶來嚴重災難的內亂」，是新中國成立後遭到的「最嚴重
的挫折和損失」，因而必須徹底否定。

1967年

動亂局面

　　這年的局面亂糟糟，是名副其實的動亂或內亂之年。

　　開年1月，上海便掀起所謂的「一月風暴」。造反派奪取了上海市的黨政大權。隨後各地開始效仿，從中央到地方一大批黨政領導幹部或者遭受批判，或者靠邊站。那時的通行說法，叫做「打倒」。在中央領導層，劉少奇、鄧小平、陶鑄三名政治局常委也被打倒了，他們被視為最大的「走資派」。上年成立的「中央文革小組」的權力越來越大，實際上代替了中共中央書記處的工作。

　　政治動亂愈演愈烈。「揪軍內一小撮」「砸爛公檢法」「文攻武衛」各種口號都提出來了。同一個省區，同一個城市，同一所學校，同一個工廠，同一個機關，成立起不同的群眾造反組織，都認為自己最革命、最正確。相互之間以武鬥的形式「打

派仗」，愈演愈烈。

7 月，武漢地區的兩大派群眾組織「工人總部」（後稱「三鋼」「三新」）和「百萬雄師」之間的鬥爭日趨激烈。到武漢來解決問題的所謂「中央代表」，擅自宣佈「工人總部」是「革命左派」，把「百萬雄師」定為保守組織，結果導致十餘萬「百萬雄師」群眾上街遊行，並湧進「中央代表」的住地要求接見，遭到拒絕後，遂把「中央代表」抓到武漢軍區大院，在群眾集會上進行質問和批判。這就是震動全國的「七二○事件」。在北京，8 月 7 日還發生了讓世界震驚的「火燒英國駐華代辦處」事件。潘多拉的盒子一旦打開，怪事便連番而至。

這樣的亂局，是中央領導層不願看到的。中央軍委發佈「八條命令」，要求軍隊不能亂。一批老革命家對上海市的奪權不滿，面對面地同「中央文革小組」成員作了鬥爭。中央不斷提出平息事態的要求，諸如停止串聯，外出串聯的大學師生返回學校，「開始復課鬧革命」；工礦企業只能在八小時以外搞「文化大革命」（以下簡稱「文革」）；禁止打、砸、搶、抄、抓，停止武鬥，實行革命大聯合；等等。

為穩定局面，中央決定讓軍隊集中力量開展支左、支農、支工、軍管、軍訓的工作，俗稱「三支兩軍」。軍隊先後派出 280 多萬名指戰員，到工廠、農村、機關、學校。實際上，動亂並未停止下來。據統計，這年前三季度，工農業生產總值比上年同期下降 9.6%。

　　亂局中出現難得的亮色。6 月 17 日，中國試爆成功第一顆氫彈。毛澤東 1958 年 6 月提出：「搞點原子彈、氫彈，我看有十年工夫完全可能。」正好是十年，中國實現了這個目標。而從第一顆原子彈到第一顆氫彈，美國人用了七年零三個月，蘇聯用了四年，英國人用了四年零七個月，中國人用的時間是兩年零八個月。

1968年
「全國山河一片紅」

　　按當時的說法，1968 年是「文化大革命」取得勝利的一年。其標誌，是 9 月間，隨着新疆和西藏先後成立革命委員會（簡稱「革委會」），中國大陸 29 個省、市、自治區都成立了革命委員會，被稱為「全國山河一片紅」。當時還發行了一枚《全國山河一片紅》的紀念郵票，因發現票面中的中國地圖繪製不準確，而被緊急停止發行。如今，這版郵票已經成為極其昂貴的收藏品。

　　此後，各級「革委會」代替各級政府，成了權力機構。進入這個權力機構的人員，有軍隊代表、幹部代表和群眾代表，簡稱「三結合」。過去說的省人民政府，現在叫「省革委會」。過去說的廠長，則稱「廠革委會主任」。

　　實現「全國山河一片紅」以前，一些紅衛兵和造反派組

織把武鬥推向了高潮。在北京，各派紅衛兵和造反派組織，在校園內佔領樓房，設置路障，以長矛或強力彈弓大搞武鬥。清華大學的武鬥發展到動槍縱火，北京大學兩派從校園打到馬路上，導致交通中斷。北京派出 3 萬多人組成的「首都工人毛澤東思想宣傳隊」（簡稱「工宣隊」）派駐北京各大院校，制止武鬥，促進聯合。

「全國山河一片紅」以後，前一階段的大批大鬥，逐步過渡到大改大立。不少領域由此便有了一些新的做法。

文藝領域，第一次公開提出「三突出」創作原則，意思是：在所有人物中突出正面人物，在正面人物中突出英雄人物，在英雄人物中突出主要英雄人物。這種公式化概念化的創作，由此成為「文革」時期的文藝主流。在工礦企業，則明令取消了獎金和福利。一些單位利用年終結餘資金，購買呢絨毛料做工作服發給職工的做法，受到批評。

9 月，上海機牀廠創辦了「七二一工人大學」，招收該廠 52 名平均年齡 29 歲的工人入學，學制為兩年，畢業後仍然回到本廠工作。這個經驗很快得到推廣。在大專院校停止招生的情況下，它不失為因地制宜培養工礦企業工程技術人員的可行途徑。

從 1966 年到 1968 年畢業的三屆大學生，開始分配了。新的分配政策是面向農村，面向邊疆，面向基層。

從 1966 年到 1968 年的初高中畢業生，則投入到年底開始的轟轟烈烈的知識青年「上山下鄉」運動。他們大多去了邊

疆、農村、兵團、農場。儘管並不熟悉將要去的地方，並不知道將會面臨什麼樣的困難，但他們中有的人還是相信，廣闊天地會大有作為。後來，他們果然把一生中最美好的時光留在了那裏，並且漸漸地從城裏人變成了「鄉下人」。這場歷時十年的「上山下鄉」運動，一共下去了 1000 多萬名知識青年，幾乎涉及城裏的每一個家庭。

著名的南京長江大橋全面建成通車。這是新中國橋樑建設史上自主設計、自行建造的第一座長江江面上的大橋。大橋正橋長 1577 米，寬 19.5 米，鐵路橋全長 6772 米，公路橋全長 4589 米，兩端接地部分建有 22 孔富有民族特色的雙曲孔橋。通車一年後，為檢驗大橋的承載能力，曾調來一個裝甲團從橋上穿過。118 輛坦克一字排開，車與車間隔 50 米，整個車隊綿延近十公里，全部安然通過大橋橋面。南京長江大橋代表了當時中國橋樑建設的最高水平，開創了中國依靠自己力量修建特大型橋樑的歷史。南京長江大橋通車後，結束了津浦、滬寧鐵路 57 年隔江相望的歷史，成為連接華東路網的重要交通樞紐。

當時還發生了一件祕而不宣、今天卻不應漏記的事情。12 月 5 日，一位名叫郭永懷的科學家乘坐的夜航飛機在北京機場失事。當人們把兩具緊緊抱在一起已經燒焦的屍體分開時，發現緊貼在兩人胸部之間的一個皮包安然無恙。在生命的最後一刻，郭永懷和警衛員牟方東用血肉之軀保住了熱核導彈試驗數據。22 天後，中國第一顆熱核導彈成功試爆。

1969 年

「新生事物」

　　新鮮事情層出不窮。當時宣傳的「新生事物」，不少是在1969 年出現或推廣的。

　　4 月在北京召開的中共九大，就有不少新鮮事：此前沒有廣而告之，代表由少數人醞釀協商產生；提出的「無產階級專政下繼續革命」理論，成為「文革」的理論依據；一批產業工人和農民當選為中央委員，其中還有一些在「文革」初期靠造反起家的人；在黨章上寫明中共中央副主席林彪是接班人；1966 年成立的「中央文革小組」這個機構也不見了。毛澤東明確講，「文化大革命」就要結束了。他當時確實想把局勢穩定下來。

　　在大城市，北京此前往大學派駐「工宣隊」的做法，開始推廣到中小學以及其他領域。僅上海，到 3 月份進駐各條戰線的「工宣隊」便已有 10 多萬人。為了體現工人階級佔領教育陣

地，進駐蘭州第五中學的「工宣隊」，把學校名稱改為了蘭州鑄造廠廠辦中學。與此同時，全國各地的大中型廠礦企業，紛紛向上海機牀廠學習，辦起了「七二一工人大學」。據統計，到1975年，全國「七二一工人大學」有1.5萬多所，78萬多學員。

在農村，則實行貧下中農管理學校。在農忙季節，學校教育普遍為生產讓路。有的地方，生產大隊自己辦起了小學，教師的工資改為工分制加補貼，即「民辦公助」，由此出現了一批「民辦教師」。事實上，民辦教師後來成為農村基層教師的主力。

在機關事業單位，則相繼辦起了「五七幹校」，讓一大批靠邊站的機關幹部和文教系統的知識分子，下放到農村或農場勞動。

人們的文化生活領域，這時候已經是「樣板戲」一統天下。被樹為樣板的劇目，先後有現代京劇《智取威虎山》《紅燈記》《沙家浜》《海港》《奇襲白虎團》，以及芭蕾舞劇《白毛女》《紅色娘子軍》，交響音樂《沙家浜》以及此後出現的鋼琴伴唱《紅燈記》，鋼琴協奏曲《黃河》、現代京劇《龍江頌》《杜鵑山》等。這些作品，在藝術創作上不能不說是用了心思的，但除了它們，老百姓很難欣賞到其他作品。久而久之，無論男女老少，幾乎每個人都能夠來上幾個唱段，說出幾句道白。到後來便有了「八億人民看八個樣板戲」的說法，至於哪八個戲是最早的樣板戲，則有不同說法。

下到雲南農村的知識青年中，這年出現一椿新奇事。有人

越過邊界，參加了緬甸共產黨領導的遊擊隊，同緬甸政府軍作戰。人數先後達到 300 餘人。有的人犧牲了，有的人則做了遊擊隊的中高級指揮員。

人們接受的最新口號是：「準備打仗！」因為 3 月間在黑龍江的中蘇邊境，爆發了自衛反擊戰。中蘇兩國的關係全面惡化，乃至到了戰爭的邊緣。為了加強戰備，防止敵人突然襲擊，一大批老幹部被疏散到各個地方。

這年工業和科技領域的新事物有：在河北建成具有 60 年代世界先進水平的大型氮肥廠，用中國自製鋼材建成的第一艘 1.5 萬噸巨型油輪「大慶 27 號」下水，我國自行製造和安裝的第一台 12.5 萬千瓦雙水內冷汽輪發電機組建成並運轉發電。最有名的科研成果，是用於治療細菌感染疾病的抗生素——「慶大黴素」研製成功並正式投產。

1970 年

多色年代

　　最混亂的幾年過去了，1970 年顯得相對平穩，是個由好幾種顏色裝點起來的年份。

　　政治運動漸漸地少了些集中的主題，但一些新的運動名詞不斷出現。譬如「一打三反」，如果不藉助百度搜索，今天的人們基本上不清楚它的意思。它的意思是打擊反革命破壞活動，反對貪污盜竊、投機倒把、鋪張浪費。還有「清理階級隊伍」，意思是要把「文革」前已經定性和「文革」中新揪出來的地主、富農、反革命、壞分子、右派、叛徒、特務、「走資派」各色人等再清理一遍，以純潔階級隊伍。在 1970 年，即使是邊遠的鄉村牆壁上，到處都刷着像「備戰備荒為人民」這樣的標語口號。

　　秋天，有一批幸運的年輕人，邁進了大學的門檻。北大、清華兩校試點招收了 4000 多名學生，他們是 1966 年廢除高考

制度後，由工農兵推薦入學的第一批大學生，由此，也被稱為「工農兵學員」。轉過年去，大部分高校陸續重新招生，招收原則是「自願報名，群眾推薦，領導批准，學校複審」。這種招生制度結束於 1976 年，歷時七年，共有 94 萬人成為「工農兵學員」。

下鄉知青中，開始流傳一首《知青之歌》。這首歌是南京一名下鄉知青創作的，歌中思念的「美麗的揚子江畔，是可愛的南京古城」，感慨「金色的學生時代，已載入了青春的史冊，一去不復返」。其他地方的下鄉知青唱的時候，則把歌詞說的南京風貌，換成自己故鄉城市的風貌。這年，一個上海青年工人，把自己的堂弟寫的兒歌《我愛北京天安門》，譜成曲寄了出去。此後，這首歌成為最流行的兒童歌曲。

在人們的記憶中，有一位外國元首，開始頻頻出現在中國的新聞媒體當中。他就是柬埔寨國王西哈努克。由於親美的政治集團在他的國家搞了政變，他只好組織起流亡政府進行對抗，中國和朝鮮是他們經常居住的地方。北京的中小學生經常被組織起來到機場去歡迎或歡送他。中國人這樣做，是為表達對越南、老撾和柬埔寨三國人民抗擊美國鬥爭的堅定支持。那時候，中國對亞非拉發展中國家的支持力度很大。從贊比亞卡皮里姆博希，到坦桑尼亞首都達累斯薩拉姆全長 1860 公里的鐵路，即人們熟知的「坦贊鐵路」，就是這年由中國援建動工的。

1965 年正式開始的三線建設，一些重大工程在這年初見收穫。從成都到昆明的鐵路全線通車。成昆鐵路穿越大小涼山和

橫斷山脈，跨越大渡河、金沙江，有隧道 427 座，大小橋樑 991 座，長度佔全線的 40%。這條大西南通道是在地質條件異常惡劣的基礎上建設起來的。

成昆鐵路經過的攀枝花鋼鐵公司，投產出鐵。這個中國第一個自行設計、製造和施工的大型鋼鐵聯合企業，解決了當時在普通高爐上不能冶煉釩鈦磁鐵礦的世界性難題，從開工建設到投產出鐵，只用了 5 年時間。

最讓中國人高興的事情，是中國用自己製造的「長征一號」運載火箭，把自己製造的第一顆人造地球衛星，成功地發射上天。4 月 24 日那天晚上，各地的人們都仰望天空，眺望衛星匆匆劃過。收音機裏不斷傳來從衛星上發出來的《東方紅》樂曲。

以這次發射為標誌，中國的「兩彈一星」事業進入了一個新的時期。鄧小平後來說：「如果六十年代以來中國沒有原子彈、氫彈，沒有發射衛星，中國就不能叫有重要影響的大國，就沒有現在這樣的國際地位。」那麼，都是誰為「兩彈一星」成就作出了貢獻呢？當時人們並不知曉。1999 年新中國成立五十周年時，國家對研製「兩彈一星」做出突出貢獻的 23 位科學家，頒授了「兩彈一星功勳獎章」。我們應該記下他們的名字：1999 年還健在的于敏、王大珩、王希季、朱光亞、孫家棟、任新民、吳自良、陳芳允、陳能寬、楊嘉墀、周光召、錢學森、屠守鍔、黃緯祿、程開甲、彭桓武；1999 年以前已經去世的王淦昌、鄧稼先、趙九章、姚桐斌、錢驥、錢三強、郭永懷。

1971 年

心理地震

　　有好幾件事，在這年給中國乃至世界帶來心理上的地震。

　　在日本名古屋舉行的第 31 屆世界乒乓球錦標賽上，一個叫科恩的美國運動員匆忙之間誤上了中國代表團的交通車。下車的時候，被敏感的記者拍下照片，立刻在世界上引起轟動。隨後，中國公開邀請美國乒乓球隊訪問中國。為了不特別突出美國人訪問中國，中國政府還同時邀請加拿大等四個國家的乒乓球代表團一同來訪。4 月 14 日，在接見美國乒乓球隊的時候，談笑風生的周恩來，顯然是在向大洋彼岸的美國政府傳達着微妙的信息。同日，美國總統尼克遜發表聲明，宣佈結束已存在 20 年的對中美兩國間貿易的禁令，放寬對中國的貨幣和航運管制。中美接近，引起世界一片驚訝，因為它改變了已經延續 20 多年的國際冷戰格局。毛澤東說，中美間的乒乓外交，是小球

推動大球轉。

故事還沒有完。美國國務卿基辛格祕密來到了中國。幾經會談後，雙方發表公告稱，美國總統尼克遜將於 1972 年適當時候訪問中國。這個消息讓世界震驚，在中國人心裏喚起的震動更為特別。那時候，人們從報紙、廣播和電影「新聞簡報」裏經常看到、聽到的，是來自亞非拉的朋友。至於美國，人們知道那是全世界一切罪惡的根源，人們最熟悉的一句口號，是「打倒美帝國主義」，怎麼一下子要讓他們的總統來中國訪問了呢？

10 月，就在基辛格離開中國的時候，又發生一件撬動世界格局的大事。設在美國的聯合國總部大樓裏，以 76 票贊成，35 票反對、17 票棄權的壓倒多數，通過恢復中華人民共和國在聯合國的常任理事國合法權利，把台灣國民黨當局從聯合國的一切機構中驅逐出去的提案。11 月 15 日，當中國代表團第一次出現在聯合國大會的會場時，全場的震動可想而知。

也是在這年，美國和日本兩國國會通過的「歸還」沖繩的協定中，公然把中國的釣魚島劃入「歸還區域」，由此引起了海內外中國人持續多年的「保釣運動」。

就在聯合國恢復中國合法席位前後，一個讓中國人更為吃驚的消息，傳到了社會基層：中共中央唯一的副主席，常常是「萬歲不離口、語錄不離手」的林彪及其妻子兒子，9 月 13 日凌晨乘飛機逃往蘇聯，墜毀在蒙古的溫都爾汗。聽到傳達，很多人一下子都蒙掉了。隨着一些材料的陸續公佈，人們的心理再

次發生地震：林彪居然是一個篡黨奪權的陰謀家。林彪事件的
發生，等於是在人們的背脊上猛擊一掌，客觀上宣告了「文化
大革命」運動從理論到實踐都是失敗的。後來許多人回憶起來，
大多説是從這次事件開始，對「文革」的做法產生了懷疑。

據新華社這年報道，醫學家們總結傳統中醫裏針刺止痛和
針刺治病的經驗，成功創造了我國獨特的針刺麻醉技術。這年 3
月，中國成功發射了一顆科學實驗人造地球衛星，這顆衛星正
常工作了八年多，直到 1979 年 6 月 17 日隕落。

經濟上也有了新的動作。全民所有制企事業單位和國家機
關中，約有 1340 萬人在這年上調了工資。國家從上年開始對各
省市自治區實行財政收支包乾的新政策，這年又進一步規定，
地方超收 1 億元以下的，全部歸地方；地方超收 1 億元以上的
部分，一半留給地方，一半上繳中央。財政上的「鬆綁」，使各
地的建設起了勁頭，職工人數這年突破 5000 萬人，工資支出突
破 300 億元，糧食銷量突破 800 億斤。

1972 年

「回 潮」

　　林彪事件造成的心理地震，催生國家政治生活出現一些好的變化。也有人反對這些變化，認為是「復辟」或「右傾回潮」，還說，被「文化大革命」運動否定的一些現象，又冒出了頭。但「回潮」的做法，人們是歡迎的。

　　1972 年召開的計劃、公安、交通、衛生各領域的全國性會議，少有的出現了批判極「左」思潮和無政府主義的主張。《人民日報》還以一個整版的篇幅發表《無政府主義是假馬克思主義騙子的反革命工具》《堅持無產階級鐵的紀律》，這些文章提出，林彪等人口頭上發表一些最左最革命的言論，實際上「進行着簡直是流氓式的煽動」。

　　這種輿論很快引起爭論。林彪及其同夥的做法究竟是極「左」還是極右，人們莫衷一是。說其極「左」，可能意傷「文

革」；說其屬右，道理上似又講不通。由此提出一個新的概念，叫「形左實右」。

在具體做法上，明顯的「回潮」跡象，是「文革」初期被打倒或靠邊站的一批老幹部，被解放出來，陸續回到領導崗位。「文革」初期被「踢開」的各級和各地黨委機構，也開始重建起來。從 1967 年開始的「三支兩軍」工作在這年也結束了，原來在機關、學校、企事業單位的軍管小組、軍宣隊、軍代表，開始撤回部隊，其中有少數軍隊幹部轉業留在地方工作。

外交領域變化最大。美國總統尼克遜 2 月訪問中國。在和毛澤東會見時，尼克遜稱讚毛澤東的著作感動了中國，改變了世界。毛澤東回答：沒有改變世界，只改變了北京附近的幾個地方。還開玩笑地說，自己喜歡美國的「右派」（指共和黨）。談到當時中國盛行的口號「全世界人民團結起來，打倒帝修反」，毛澤東說：就個人來說，你不在打倒之列，都打倒了，我們就沒有朋友了嘛！中美雙方在上海發表《聯合公報》，標誌着兩國關係開始了正常化進程。

9 月，日本內閣總理大臣田中角榮訪問中國，中日兩國政府發表《聯合聲明》，宣佈建立外交關係。在打開中美關係大門後的一年裏，中國先後二十多個國家建立了外交關係，其中有十多個是過去敵視中國的西方發達國家。與此同時，1966 年中斷的向國外派遣留學生的工作，也開始恢復起來。這年 12 月，中國向英國和法國派出 36 名首批留學生。

歷史學和考古領域的「回潮」，來得更猛。出版部門在北京、上海兩地集中近百名專家、教授、史學工作者，加速整理出版《二十四史》。1972 年是考古大發現的一年。人們在具有五千年文明史的土地上進行考古發掘，讓祖先們創造的一個又一個奇跡呈現在人們眼前。

在安陽市小屯「殷墟」遺址，上年 12 月發掘出堆置有序的 21 片完整的牛肩胛骨，其中最多的一片上有 60 多個字，是關於商代王室祭祀的記載。這年 2 月，在雲南發現兩顆猿人牙齒化石，這是繼北京猿人和藍田猿人之後，在猿人化石方面的又一重大發現，由此確認古人類時期西南地區的猿人活動。3 月，長沙市郊馬王堆的一座西漢初期古墓出土的大量文物，讓人驚訝。當時還專門拍了一部紀錄片，反映這一盛況。從距今 2100 多年的隨葬品上刻的字跡看，這座古墓的主人是當時長沙國丞相 50 歲左右的妻子。出土的女屍皮膚竟然還有彈性，內臟器官完整，血型為 A 型。人們不得不歎服古人保存屍體的精妙做法。在這期間，古代絲綢之路沿線的甘肅河西走廊和新疆塔里木盆地一帶，還發現了大批漢唐時代的中國絲綢，這些絲綢保存良好，顏色鮮豔，花紋優美，為研究古代絲綢提供了寶貴資料。

除了考古，另一種形式的挖掘也遍及中國。為落實「深挖洞，廣積糧，不稱霸」和「備戰備荒為人民」的號召，幾乎每個單位都挖了各種各樣的「防空洞」，有時還進行一些防空演習。這些用於備戰的人防工程，在「文革」結束後，大多改建

為招待所或地下商場。

　　經濟發展也有起色。為扭轉企業虧損，這年提倡實行經濟核算制，允許國營企業在完成主要計劃指標後，從利潤中提取一定比例的獎勵基金，用於職工的集體福利和給先進生產者以物質獎勵。

1973 年

「回潮」和「反潮流」

　　這年流行的口號是「反潮流」。反潮流針對的是上年開始的「回潮」現象。這兩種趨勢，相互對壘，影響着 1973 年的走向。

　　中央領導層的結構，出現了明顯變化。3 月，曾經的第二號「走資派」鄧小平復出，擔任了國務院副總理，隨後又相繼出任中共中央副主席、中國人民解放軍總參謀長。8 月間召開的中共十大，引人注目的是造反派出身的王洪文也成為中共中央副主席。這樣，在黨內便出現了以周恩來、鄧小平、葉劍英、李先念等老一輩革命家為一方，以王洪文、張春橋、江青、姚文元為一方的兩種政治力量。對後者，毛澤東稍後稱之為「四人幫」。

　　「文革」已經搞了七年，人們對一個接一個的政治運動已經疲倦了，繼續調整極「左」的做法成為多數人的願望。

打開中美關係的大門，同一批西方國家建立外交關係，使中國開始有了全面走向世界的機會。一直在搞經濟調查的陳雲，這年提出一個觀點，說不研究資本主義不行了，必須要學會和資本主義打交道。這年和資本主義國家打交道的最大舉措，是開始實施從國外進口 43 億美元成套設備的方案，簡稱「四三方案」（到 1977 年底實際對外簽約成交 39.6 億美元）。引進的項目包括化肥、化纖、石油化工、綜合采煤機、透平壓縮機、燃氣輪機、斯貝發動機以及武鋼的 1.7 米軋機等。

一種叫「的確良」（又稱滌綸，英文為 polyester）的衣服成為時髦。「的確良」材料的襯衣和褲子，較為筆挺，洗完後不起皺，比棉布衣服好看，深受年輕人喜愛。1973 年成為「文革」以來國民經濟形勢最好的一年，全年工農業總產值比上年增長 9.2%。

中國科學院數學研究所的助理研究員陳景潤，這年把數學界的「哥德巴赫猜想」研究向前推進了一大步。陳景潤身體患病，國家當即把他送到醫院檢查治療。也是在這年，中國試製成功第一台每秒鐘運算 100 萬次的集成電路電子計算機。

大學招收工農兵學員的工作，這時也提出來要經過考試才能入學，起碼要達到初中文化程度。湖南排演的一齣叫《園丁之歌》的花鼓劇，把老師塑造成了正面的好角色，表達出尊重知識、尊重教師的主題。

把持新聞輿論界的「四人幫」不幹了。他們針鋒相對，開

始樹立「反潮流」的英雄。首先被選中的，是一位在大學招生物理考試中交了白卷的知識青年。他們藉此宣傳說，從工農兵中招收大學生搞文化課考察，是對教育革命的反動，是資產階級向無產階級的反撲，是舊的高考制度的復辟。敢於交白卷，是反潮流的英雄。結果，這位知識青年不僅進了大學，還立刻入了黨，擔任了大學的領導職務，不久還成了全國人大常委。那時候，人的命運真是難以把握。

甚至連小學生，也在不經意間被樹為「反潮流」英雄。北京中關村一個三年級孩子因為和班主任有點矛盾，就有人把她的日記當作批判「師道尊嚴」的材料拿到報上公開發表。一時間，全國學生都被動員起來，紛紛批判師道尊嚴。非常歲月，總要出現一些意想不到的事端。河南省唐河縣馬振扶公社中學一個初二學生，考英語交了白卷，並在試卷背面寫道：「我是中國人，何必要學外文，不學 ABCD，也能當接班人。」這位學生受到班主任批評後跳水自殺，立刻被定性為「完全是修正主義教育路線的迫害所造成的」。還有奇怪的事情，為證明強調考試毫無道理，教育部門採取突然襲擊的辦法，對北京地區 17 所高等院校的 631 名教授、副教授進行數理化考試，結果受到許多教授的抵制。

上山下鄉遇到生活困難的知識青年，這年引起了關注。福建省莆田縣一個小學教師給毛澤東寫信反映自己下鄉的孩子生活很困難，毛澤東寄去 300 元錢，表示：「全國此類事甚多，容

當統籌解決。」隨後，召開了全國知識青年上山下鄉工作會議，決定身邊只有一個子女的不動員上山下鄉，提高上山下鄉經費開支標準，知識青年插隊頭一年，仍吃商品糧，參加分配後，吃糧水平不低於當地單身整勞力。

1974 年

慣 性

　　社會生態和人們的政治經濟生活，這年按慣性運行着。

　　1 月，中國人民解放軍與南越軍隊在西沙群島發生激戰，一舉收復了甘泉、珊瑚、金銀三島，捍衛了我國領土主權。事有湊巧，3 月間有一個驚人的考古發現，那就是被稱為「世界第七大奇跡」的秦始皇陵裏的兵馬俑。那些兩千多年前栩栩如生的將軍和士兵，威風凜凜的戰爭隊形，使所有參觀的人們都不由得生出無限感慨。

　　搞了多年的漢江丹江口水利樞紐初期工程這年建成了。四十多年後建成的南水北調中線工程，就是以丹江口水庫為水源地的。與此同時，中國在渤海灣地區建起了又一個大油田——勝利油田。

　　從 1964 年開始研究雜交水稻的湖南省安江農業學校教師袁

隆平,經過十年摸索,終於培育出第一個雜交水稻強優組合南優2號。一年後,他又成功研製出雜交水稻種植技術,為全國大面積種植雜交水稻奠定了基礎。

這些按正常的建設慣性積累起來的成就,似乎都沒有引起意識形態和新聞宣傳領域的太多關注。相反,這年人們感受較多的卻是一些藉題發揮的批判攻勢。

林彪事件後,在其住處發現其抄有「克己復禮」之類的孔子語錄,這就為把林彪和孔子聯繫起來批判提供了藉口。1月起,全國掀起一場「批林批孔」運動,連帶還要「評法批儒」,也就是要正確評論歷史上的法家思想,批判歷史上的儒家思想。在「批林批孔」和「評法批儒」中,影響最大的自然是北京大學、清華大學大批判組以「梁效」(「兩校」)的筆名,編寫的材料和文章,諸如《林彪與孔孟之道》《孔丘其人》《「克己復禮」再批判》等等。

對普通老百姓來說,他們並不清楚幾千年前的孔子,歷史上那些法家或者儒家,和現實政治有什麼關聯。但不管懂不懂,工農商學兵,都被動員起來去批判這些「老古董」,還出現了一批工農兵學哲學小組、評論組、批判組。比如,這年宣傳的典型,是天津市寶坻縣的小靳莊,說是他們辦起了政治夜校,培養貧下中農的理論隊伍,讓貧下中農登台講歷史,開展群眾性的詩歌創作活動,移風易俗、破舊立新等等。

可謂是樹欲靜而風不止。有人喜歡在大批判的慣性軌跡上

塑造社會生態。

那時候，老百姓在電影院裏看的片子，有這樣的三句順口溜：越南的飛機大炮，朝鮮的哭哭笑笑，中國的新聞簡報。中國拍了那麼多的新聞簡報，但不是領導人會見外賓，就是開會學習，而老百姓的實際生活狀況，卻很少見。好不容易，一個叫安東尼奧尼的意大利攝影師，當時在中國拍攝的一部紀錄片《中國》，還沒有在中國公映，這年便受到規模不小的公開批判，說是歪曲了中國人民的現實生活。今天許多搞紀錄片的人都說，幸虧有這部片子，要不然找 1970 年代初期中國社會的真實鏡頭，還不知道從哪裏去找呢。

「項莊舞劍」的批判，意在現實。這年有兩件事給人印象深刻，也讓人哭笑不得。中國彩色顯像管生產線考察團到美國訪問時，美國康寧公司送給考察團一件玻璃蝸牛禮品。江青知道後，說這是在「罵我們，侮辱我們」，引進彩色顯像管是「屈辱於帝國主義的壓力」，是「崇洋媚外」，由此導致一場「蝸牛事件」，引進彩色顯像管生產線的工作被迫推遲了好幾年。

再一件事，就是我國自行設計製造的萬噸級遠洋貨輪「風慶」號，遠航歐洲回國，這本來是件好事，可有人偏偏逼迫在貨輪上協助工作的交通部兩位幹部，批判交通部在造船問題上的「洋奴哲學」和「崇洋賣國」。遭到拒絕後，竟然把兩位幹部扣留在上海進行批鬥，由此釀成「風慶輪事件」。

「蝸牛事件」和「風慶輪事件」是針對周恩來和鄧小平的。

甚至連毛澤東提議的，讓鄧小平率領中國政府代表團赴聯合國參加第六屆特別會議，都遭到「四人幫」的反對。由於毛澤東堅持，鄧小平得以成行，並且在這屆聯大特別會議上詳細闡述了毛澤東提出的「三個世界」劃分理論。

對「四人幫」的批判攻勢，毛澤東很不滿意，在中央政治局會議上批評他們搞「小宗派」「動不動就給人戴大帽子」。12月底，毛澤東提出新的治國思路，叫做學習理論、安定團結、把國民經濟搞上去。這三項指示，成為來年工作格局發生良好變化的依據。

1975 年

整 頓

　　1975 年的中國，像是有一道光亮，投射出一個鮮明的主題詞——整頓。

　　整頓源於 1 月召開的第四屆全國人民代表大會。這屆人大有兩個最大的亮點。一是在周恩來作的《政府工作報告》中，重申 1964 年提出來的實現農業、工業、科學技術、國防「四個現代化」目標。一是鄧小平擔任了第一副總理，由於周恩來病重住院，鄧小平主持中共中央日常工作，並代周恩來主持國務院工作。

　　所謂整頓，就是消除「文革」以來各領域的無政府主義壞做法，整治在單位裏鬧派性的人，加強集中統一，恢復和健全生產秩序和規章制度。鄧小平大刀闊斧主持整頓的依據，就是毛澤東在上年底提出來的學習理論、安定團結、把國民經濟搞

上去。鄧小平概括為「三項指示為綱」，他抓住的實際上是後兩條。第一條則是「四人幫」起勁抓的事情。

四屆全國人大一次會議一結束，鄧小平就在軍隊幹部會上發表《軍隊要整頓》的講話，傳達毛澤東提出的軍隊要整頓的指示，着力整頓軍隊存在的「腫」「散」「驕」「奢」「惰」問題，全面整頓的序幕，就此拉開。

在經濟領域，則是以鐵路整頓為突破口，確保運輸安全正點。結果只用兩個月時間，嚴重影響國民經濟生產的鐵路運輸狀況大為改善，由此震動了其他行業。隨後是重點抓鋼鐵生產和各種企業的整頓，這年的鋼產量由 1974 年的 2100 萬噸上升到 2500 萬噸。農業、教育、文藝和科技的整頓，也次第展開。

在整頓中，自然要觸動一批人。一方面是打擊幫派勢力，制裁一批打砸搶分子，用鄧小平的話來說，叫做「老虎的屁股也要摸一摸」。另一方面，動靜更大的，是根據毛澤東關於儘快結束專案審查把人放出來的意見，釋放大批在「文革」中被關押受審查的老幹部。其中屬於敵我問題的，有勞動能力的分配工作，喪失勞動能力的養起來，有病的安排治療。屬於人民內部矛盾的，妥善安置，補發工資，分配適當工作，黨員則恢復組織生活。明顯是搞錯了的，則進行平反。於是出席這年國慶招待會的人員，《人民日報》報道了很長的名單，有許多是「文革」中被打倒的老幹部，算是藉機向社會表示，他們被解放出來了。一度被稱為「臭老九」的知識分子，政治待遇也逐漸好

起來，因為毛澤東借用《智取威虎山》中的台詞說了句話：「老九不能走。」

社會氛圍開始寬鬆。最後一批戰犯也被釋放出來了，一共有 293 名，全部給予公民權。每人發給一套新制服裝和一百元零用錢，還把他們集中到北京開歡送會。有工作能力的，安排適當工作，有病的治病。願意去台灣回到國民黨陣營的，給足路費，提供方便。

文藝界也有了新氣象。毛澤東對鄧小平說，「百花齊放都沒有了。別人不能提意見，不好。」「文藝政策應該調整一下，一年、兩年、三年，逐步擴大文藝節目。」在鄧小平推動下，當時受到封殺的新拍電影故事片《創業》和《海霞》，開禁放映。10 月，反映長征歷史的歌舞《長征組歌》和話劇《萬水千山》，以及人們多年前熟悉的《黃河大合唱》，在文藝舞台上引起轟動，在人們心中喚起一種特殊情感。

全面整頓使經濟發展出現好的勢頭。這年的工業增長達到 5%。其他建設成就還有：中國當時最大的水電站劉家峽水電站建成，同時建成的還有從劉家峽到甘肅天水和陝西關中地區的第一條超高壓輸電線路；第一條電氣化鐵路寶成鐵路全線通車；中國用「長征二號」運載火箭成功地發射了一顆返回式遙感衛星，成為繼美國和蘇聯之後第三個掌握衛星回收技術的國家。

整頓實際上是着手系統糾正「文革」的錯誤。鄧小平後來說，整頓實際上就是改革，改革是從整頓開始的。

　　與此同時，「四人幫」也沒有閒着，先後拋出《論林彪反黨集團的社會基礎》和《論對資產階級的全面專政》兩篇重頭文章。到夏天，又搞起莫名其妙的評《水滸》運動。人們被告知，這部古代的小說並不是歌頌農民起義的，而是歌頌了農民革命的叛徒宋江。拿出一部古人寫的小說來說事，目的是要說當前在中央主持工作的人就是像宋江那樣的投降派。或許，只有在非常的年代，才有這種奇異的聯想和影射。

　　秋天，在大寨召開了一個規模浩大的全國農業學大寨的現場會議，各地來了很多人。農業學大寨，本來是要學他們艱苦奮鬥的創業精神，以促進發展農業，但在當時卻變了味道。江青在這個會上大講評《水滸》，圍繞怎樣看全國農村的現狀，鄧小平還和她發生了一場言語衝突。

　　隨着整頓工作不可避免地走向對「文革」的否定，形勢很快緊張起來，整頓隨即中斷。到年底，一場「反擊右傾翻案風」的運動在全國開展起來。

1976 年

龍年悲歡

1976 年，按中國的老話，屬龍年。龍年，中國人崇拜的龍似乎就要抬起頭來，這一抬就有了太多的故事和變化，給中國人留下太多的悲歡和感慨。

「文革」已經進行到第十個年頭。在經歷了狂熱、盲從、困惑、疲憊之後，人們對現實越來越表示懷疑，對未來的變化越來越憂慮，各種各樣的「小道消息」也越來越多。不安寧的社會偏偏又在這一年遭遇到一些不測事件。

無論過了多少年，在中國人的記憶中，1976 年都是和這樣幾件事情聯繫在一起的。

1 月 8 日，新中國開國總理周恩來逝世。在他的遺體送往八寶山的時候，沿途出現十里長街送總理的空前悲傷景象。1 月 15 日，鄧小平在周恩來追悼大會上致完悼詞後，便不再公開露

面了。隨後華國鋒擔任了國務院總理，不久擔任中共中央第一副主席。

4月5日清明節那天，天安門爆發悼念周恩來、反對「四人幫」的群眾運動。當時被稱為「天安門反革命事件」。但事情過後，人們到處傳播在那短短的幾天時間裏，出現的詩詞歌賦。「欲悲聞鬼叫，我哭豺狼笑。灑淚祭雄傑，揚眉劍出鞘」，這是至今人們都還記得的詩。

4月8日，鄧小平的黨內外一切職務被撤銷，去年開始的「反擊右傾翻案風」運動，變成了「批鄧、反擊右傾翻案風」。

7月6日，開國元勳、全國人大常委會委員長朱德逝世。朱德是中國人民解放軍的主要創建者之一，長期擔任紅軍、八路軍和人民解放軍的總司令。如今，在中共黨史上形成的毛澤東、周恩來、劉少奇、朱德的領導格局中，只剩下毛澤東一人了。他的悲患心境可以想見。

7月28日，唐山大地震，一座城市頃刻間消失了，死亡人數達到24.2萬人。北京的震感也很強烈。人們說，這是不祥之兆。北京市民紛紛搬到地震棚裏居住。

9月9日，中國共產黨、中國人民解放軍、中華人民共和國的主要締造者和領袖毛澤東逝世。舉國上下一片悲痛，國際上悼念如潮。長期以來，毛澤東已經成為黨、國家和民族的象徵。中央決定在天安門廣場修建毛主席紀念堂，一年後，這座矗立在天安門廣場的代表性建築便建成了。如今，到毛主席紀

念堂參觀的人仍絡繹不絕。五年後，中國共產黨的《關於建國以來黨的若干歷史問題的決議》說，毛澤東是偉大的馬克思主義者，偉大的無產階級革命家、理論家、戰略家。他晚年犯了嚴重錯誤，但要把毛澤東思想和毛澤東的晚年錯誤區分開。

在毛澤東逝世的時候，許許多多的人都有一種天塌下來的感覺，不知道往後該怎麼辦。結果，變化很快到來。10 月 6日，經歷大悲大患的中國人，迎來大喜的事情。「四人幫」被抓了起來，實際上宣告了一個時代的結束。今天的電視節目說到這件事情，常常出現當時拍攝的長安街上慶祝遊行隊伍喜氣洋洋扭秧歌的鏡頭。

11 月，對「四人幫」的批判漸趨高潮。

12 月 22 日那天的電視節目，在唱完歌頌大寨的組歌之後，壓軸演唱的是老歌唱家郭蘭英。也許是因為練習不夠，音調時時顫抖，反而更感動了聽眾，博得了同情。聽眾席上不斷地響起暴風雨般的掌聲，謝幕五次，掌聲不息。

12 月 30 日，《人民日報》發佈消息：被「四人幫」打入冷宮的音樂舞蹈史詩《東方紅》以及《洪湖赤衛隊》《白毛女》《八一風暴》《朝陽溝》《小刀會》等六部影片，將於 1977 年重新上映。

1976 年，是在人們由衷的歌聲中結束的。

1977 年
徘徊前進

　　1977 年的元旦和春節，看起來有些像政治化的節日，也是
那時人們發自內心的高興日子。人們喝酒，輕輕鬆鬆地串門聊
天，談的話題幾乎都是有關抓捕「四人幫」的各種傳聞，或者
是關於毛澤東的繼承人華國鋒的一些事跡。那時，幾乎每一個
集會，人們都要唱一唱《祝酒歌》，唱一唱像《繡金匾》這樣的
老歌。可以說，在很短的時間裏，來了一個老歌普及運動，而
《祝酒歌》的出現，則使中國有了新的流行歌曲。

　　2 月，中國科學院數學研究所研究員楊樂和張廣厚，經過
多年努力，摘取到一顆函數理論王國的碩果，在世界上第一次
找到了函數值分佈論研究中「虧值」和「奇異方向」之間的有
機聯繫及其分佈規律。媒體廣泛報道，科學受到應有的尊重。
這年，在中國科學院哲學社會科學學部基礎上，正式成立了中

國社會科學院。

　　人們有一種釋放的感覺。當時的一些外國媒體報道說，中國人比較健談了，說話的時候也有了一種輕鬆感。但這畢竟還是乍暖還寒的季節，人們心頭的禁錮和沉重並沒有遠去。

　　2月7日《人民日報》發表的一篇叫《學好文件抓住綱》的社論，提出「兩個凡是」，即「凡是毛主席做出的決策，我們都堅決維護；凡是毛主席的指示，我們都始終不渝地遵循」。給人的感覺是，雖然粉碎了「四人幫」，但歷史似乎仍會在過去的軌道上延續和滑動。8月召開的中共十一大，報告中還說：「第一次文化大革命的勝利結束，決不是階級鬥爭的結束，決不是無產階級專政下繼續革命的結束。文化大革命這種性質的政治大革命今後還要進行多次。」

　　這些主張，使人們在長期動亂後急切要求澄清是非的願望，得不到滿足，並形成新的思想禁錮。許多在「文革」中受到冤屈的人，最迫切的願望是改變自己的政治命運。在北京的大街小巷，到處都可以看到一些上訪的人。人們為改變自己命運付出的努力，沒有獲得應有回報。因為「以階級鬥爭為綱」的政治路線，「文化大革命」的慣性，仍然封凍着已經開始甦醒的時代心靈。

　　當時人們最為關心的，有兩件事情。一件是為「天安門事件」平反，但是，當有人貼出要求平反的大字報時，他們被當作反革命分子抓了起來。另一件事情是呼籲鄧小平出來工作，

這個願望實現了。一部紀錄片記錄下來一個場景，當 73 歲的鄧小平 7 月下旬在舉辦足球比賽的體育場出現時，許多人爆發出熱情的歡呼。

直接給全社會帶來最普遍希望的重大事件，是恢復高考。從 1966 年停廢高考，到 1977 年 9 月決定恢復高考，已經積累了 11 屆高中畢業生。一位下鄉知青後來回憶：「高考前一個月的一天下午，正在農田水利建設工地熱火朝天地幹活的我，突然抬頭看到了城裏工作的父親推着自行車來到工地，父親沒有到我身邊，徑直走到生產隊長跟前，和隊長在說着什麼，不一會兒，父親過來喊我：『閨女，咱回家吧。』我肩扛鐵鍬，滿身泥土，鞋裏的土都沒顧得上倒掉，就坐在了父親自行車的後座上。父親說，我用鄧小平的一句話『要鼓勵考生複習』，為你請了假。」

冬天，全國有 570 萬人參加高考，最後錄取 27.8 萬人，錄取率是 4.9%。錄取率之低，極為罕見；對改變青年人命運的影響之大，也極為罕見。

就在許多人準備高考的時候，《人民文學》發表的短篇小說《班主任》，激發起人們空前的文學閱讀熱情。文學真的成了時代的晴雨表和溫度計。這篇小說塑造了講真話的新型老師張俊石、「好學生」謝惠敏和「不守規矩」的學生宋寶琦三個人物，大膽揭露和控訴了極「左」思潮對一代人的精神傷害，被認為是開啟「傷痕文學」乃至新時期文學的標誌性作品。

1978 年
夢想與命運

　　眾所周知，1978 年是中國的「改革元年」。

　　「文革」結束後，經歷兩年徘徊中前進的局面，中國的歷史承載着夢想，迎來巨大的命運轉折。

　　新年頭一天，來得也很溫暖。新華社報道説，全國有 60% 的職工增加了工資。這是新中國成立以來，增加工資規模最大的一次。

　　報紙上討論按勞分配的文章多了起來。3 月 12 日，《人民日報》發表《開灤煤礦實行按勞分配政策獲得良好效果》。此時的開灤煤礦，還遇到一件煩心事，他們想給職工發獎金，但多數人反對，因為過去批判過「獎金掛帥」。9 月，鄧小平視察開灤煤礦時，陪同人員向他提出，煤炭價格太低，工人福利差，井下工人勞動強度大，艱苦危險。現在沒有獎金，可否發一點，

井下班長實行崗位津貼。鄧小平當場拍板,「可以」。從此,在企業發放獎金的做法開始流行。

命運轉折的到來,雖不乏凝重,卻更有夢想。年初,《重慶日報》收到一份奇特的「尋人啟事」。啟事說,重慶鋼鐵公司機修廠一個叫白智清的技術員,「文革」後期因多次給中央寫信,反對「寧要社會主義的草,不要資本主義的苗」這個提法,結果在 1976 年被捕入獄。如今天空已晴朗,真相已大白,然而白智清仍然杳無音信,希望《重慶日報》把這份啟事公之於眾,幫助找到白智清。幾個月後,白智清出獄了。當人們問他最需要什麼時,他伸出四個指頭說,要「四個現代化」。

實現工業、農業、國防和科學技術的現代化,是 1978 年最凝聚人心的口號,也是人民的普遍夢想。但現代化究竟是什麼樣子呢?中國派出不少代表團到亞洲和歐洲去訪問「摸底」,去參觀感受。得出的結論是,中國與發達國家的差距很大,要放手利用國外資金,大量引進外國先進技術設備。

3 月的時節格外美好。「文革」後恢復高考錄取的第一批大學生,懷揣各式各樣的夢想跨進了校門。他們當中,有 11 年前就告別學校的老三屆,已是拖家帶口之人;也有剛剛畢業的高中生,尚未見過世面。幾天前,他們還在農村的田野,工廠的車間,部隊的軍營,一夜之間,他們的命運發生了根本改變。中國科技大學甚至還開辦了少年班。最大的 16 歲,最小的才 11 歲。這個消息被炒得沸沸揚揚。中國,一下子發現是那樣的需

要人才，而人才又是那樣的緊缺。

就在第一批大學生跨進校園的時候，上千名科學技術人才在人民大會堂相聚了。這是新中國成立以來召開的第一次全國科學大會。大都已白髮蒼蒼的科學家，久別重逢，相聚一堂。他們從此摘掉了戴在頭上的「資產階級知識分子」這頂無形的「帽子」，回歸到工人階級隊伍，迎來命運中的第二個春天。幹「四化」，搞科研，點燃所有知識分子的夢想。

與此同時，一大批文藝期刊相繼復刊或創刊，為人們的精神世界，釋放了活力，開拓了空間。復旦大學一位學生發表的短篇小說《傷痕》，繼去年的《班主任》之後，展示出過去歲月在人們心中刻下的「傷痕」。文學的復甦和走向繁榮，不知讓多少青年人開始做起了文學夢。

讀書成了青年人最有興趣的選擇。一大批在「文革」中被當作「封資修」的圖書在這一年解除了禁忌。不少人都有一大早起來到新華書店門口排隊買書的經歷。許多年輕人正是從這個時候起，才讀到《安娜‧卡列尼娜》《高老頭》和《西廂記》這些曾經被視為「封資修」的作品。

作家徐遲的報告文學《哥德巴赫猜想》，讓整個世界都認識了一個叫陳景潤的年輕數學家。知識分子再也不是「臭老九」，一下子空前的吃香起來。大學裏的老師們恢復了中斷十年的職稱評定，有一個教授、副教授哪怕是講師的職稱，特別讓人羨慕。

針對上年發表的「兩個凡是」主張，思想理論界的轉折，

在 5 月走到了臨界點。5 月 11 日，《光明日報》發表一篇題為《實踐是檢驗真理的唯一標準》的文章。一石激起千層浪，全社會迅速開展起關於真理標準的大討論。根據統計，從 5 月到年底，全國省級以上的報刊發表關於真理標準討論的文章有 650 多篇。從中央到各省市自治區的重量級的政治家和軍隊的高級將領，也紛紛就這個未必屬於他們專業範圍的話題表示了態度。今天的人們，可能無法想象，一個簡單的哲學命題，一種已經被前人咀嚼過千百遍的思想，竟能在 1978 年把中國搞得沸沸揚揚，並由此改變了中國的命運。

鄧小平在 12 月召開的中央工作會議上，發表了題為《解放思想，實事求是，團結一致向前看》的著名講話，裏面說得很明確：「目前進行的關於實踐是檢驗真理的唯一標準的討論，實際上也是要不要解放思想的爭論。」「從爭論的情況來看，越看越重要。一個黨，一個國家，一個民族，如果一切從本本出發，思想僵化，迷信盛行，那它就不能前進，它的生機就停止了，就要亡黨亡國。」結論就是，只有恢復毛澤東實事求是的思想路線，中國的命運才可能發生根本性的轉折。

普通老百姓或許不熟悉真理標準大討論，甚至也未必知道什麼是真理標準，但他們肯定清楚，滿足老百姓生活需要的政策，才是對頭的政策，才會帶來命運的轉變。

山西運城稷山縣一位下鄉知青給《光明日報》寫信說，當地農村的集市貿易被當作「資本主義的尾巴」割掉了，農民要

買的東西無處買，要賣的東西無處賣，只好走村串戶，東躲西藏，很不方便。建議恢復農村集市貿易。7 月 21 日，《光明日報》登出此信，還引來一場風波。但不久，集市貿易真的恢復了。

1978 年，農民掌握自己命運的最大舉動，要算搞土地承包了。一些地方搞起了 1960 年代初曾經試驗過的包產到組或包產到戶。安徽省鳳陽縣小崗生產隊，乾脆搞起了「大包乾」，就是把土地徹底包給每家農戶自己去種，打下糧食，先交國家的，後交集體的，剩下都是自己的。當時，這是違反人民公社經濟制度的做法。為此，安徽小崗村的 18 戶農民，在 1978 年 11 月 24 日這天，還按下手印，說如果哪一天生產隊領導為此事被抓了，大家要撫養他的孩子。

人們的思想和情緒，確實和以前不同了。夏天，1976 年 4 月發生的「天安門事件」仍然被稱為反革命事件的時候，上海工人文化宮的一批業餘演員，排演了一齣叫《於無聲處》的話劇，明確提出要為「天安門事件」平反，引起社會轟動。11 月，「天安門事件」獲得平反，《於無聲處》劇組還被邀請到北京演出。

影響中國命運的歷史轉折，最終要靠中央領導層的決策來實現。12 月 18 日至 22 日召開的中共十一屆三中全會，恢復實事求是的思想路線，停止使用「以階級鬥爭為綱」的口號，作出把工作重點轉移到社會主義現代化建設上來，多方面改變同生產力發展不相適應的生產關係和上層建築，實行改革開放

的戰略決策。以此為標誌，中國正式進入改革開放的歷史新時期。「十一屆三中全會以來」，此後在中國政治術語中頻繁出現。

十一屆三中全會閉幕三天後，頗有影響的美國《時代》雜誌，把鄧小平評為 1978 年度的風雲人物，它用 48 頁系列文章介紹了實現歷史轉折的中國，打頭的文章標題是《中國的夢想家》，稱鄧小平是「一個嶄新中國的夢想者」。

十一屆三中全會閉幕四天後，北京大學、清華大學和中國科學院等單位的 52 名大學老師和研究人員，在首都機場登上了飛機。他們是第一批公派到美國的留學生。説是學生，其實他們當中，年齡最大的已經 48 歲，最小的也有 37 歲。顯而易見，他們的命運和國家一道，發生了巨大改變。在當時，他們不缺夢想，但缺的是外匯。這麼多人，除機票以外，一共只有 50 美元的費用，被領隊牢實地揣在口袋裏。這批留學生後來都回了國，成為各個領域的科研骨幹。

1979 年
新氣象

元旦那天，鄧小平在全國政協座談會上宣佈了三件事：中央把工作重心轉移到經濟建設上來；中美關係實現正常化，正式建立外交關係；把台灣回歸祖國、實現統一大業提到具體日程上來。這天，台灣金門島的上空，傳來對面廈門中國人民解放軍福建前線廣播站的聲音：「中國政府已命令人民解放軍從今天起停止對金門等島嶼的炮擊。」

開門三件事，件件是喜事，件件新氣象。

元旦過後是春節。除夕之夜，人民大會堂舉辦了中斷 15 年的春節聯歡活動。在這個晚會上，人們意外地發現了許多曾經熟悉的面孔。消失多年的一些老藝術家和老幹部，參加了這次晚會。《將相和》《白蛇傳》，武打文唱，好戲連台，笑聲不斷。

大量冤假錯案得到平反，老幹部重新回到了工作崗位。幾

十萬被打成右派的人們，在經歷 20 年的坎坷之後，身份得到了改正。幾百萬地主、富農、反革命、壞分子，也摘掉了頭上的帽子。連同他們的親屬，上千萬人的政治生命從此得到了改變。他們的子女在上學、就業和婚姻上獲得平等的機會。

上千萬上山下鄉知識青年告別了農村邊寨，回到了久別的城市。走在大街上，他們發現正在上中學的弟弟妹妹們不再戴紅衛兵的臂牌，上小學的孩子們也重新戴上了他們小時候戴過的紅領巾。走在大街上，他們還發現，一些機關門口的「革命委員會」的牌子被取了下來，換上了各級人民政府的牌子。他們最深刻地感覺到，一個時代結束了，另一個時代開始了。

回到城裏的知識青年們，最頭疼的問題是找工作。政府這年推出第一個關於發展個體私營經濟的政策，提出「各地可根據市場需要，在取得有關業務主管部門同意後，批准一些有正式戶口的閒散勞動力從事修理、服務和手工業者個體勞動」。到年底，全國批准開業的個體工商戶已有十萬戶左右。

《人民日報》在 6 月 25 日那天登出一則「承接國內外用戶直接訂貨」的廣告。登廣告的是位於四川的寧江機牀廠。這是新中國歷史上社會主義改造完成後的第一個生產資料廣告。今天看來是件很普通的事，對當時的企業界、經濟學界以及某些政府部門來說，卻不啻於一場「大地震」，甚至引發了「想挑戰馬克思」的爭論。這個廣告，也使跨出企業擴權第一步的寧江機牀廠，被推到了風口浪尖。但實際效果是，訂貨單像雪片一

樣飛來，廠子一下子就活了起來。

在改革中，人們發現，世界一下子離中國近了。

1月，第一批3000箱可口可樂從香港運抵廣州和北京，在北京，它們最先進入的是長安街東段的友誼商店和一些涉外賓館。此後，在合作夥伴中國糧油食品進出口總公司的幫助下，可口可樂飲料很快從高端酒店擴展到零售攤點。

4月，法國服裝設計師皮爾·卡丹訪問中國。他帶來了12個外國模特，舉辦一場服裝觀摩會，在北京民族文化宮一個臨時搭起的簡易T型台上，走了中國改革開放後第一場時裝秀。雖然只是一場僅限內部人士參與的小範圍活動，但從當時記者的現場報道中，可以感受到人們內心的震動。身着聳肩衣裙的高挑美女們，在流行音樂的伴奏下扭胯擺臀邁着貓步，一個金髮姑娘停下腳步，正對觀眾敞開衣裙對襟，台下的人們如同被一股無形衝擊波襲中，一時間身子齊刷刷向後倒去。「皮爾·卡丹」從此在很長一段時間內，幾乎成為中國人心中無可替代的第一奢侈品牌。

美國波士頓交響樂團第一次來到中國。對十年沒有正式演出過交響樂的中央樂團來說，他們不僅帶來了美妙的西方古典音樂，還帶來了國門外陌生的氣息。

6月召開的五屆全國人大二次會議，是「文革」結束後一次重要的立法會議，會議制定並通過了《地方各級人民代表大會和地方各級人民政府組織法》《選舉法》《人民法院組織法》《刑

法》《人民檢察院組織法》《刑事訴訟法》《中外合資經營企業法》七部法律，標誌着中國立法工作在中斷 20 多年後又重新恢復並取得重大突破。

如今在中國遍地開花的中外合資企業，在當時還是一個比較陌生的新名詞。10 月 4 日，如今很有名的中信公司宣佈成立，由 1950 年代的「紅色資本家」、後來的中華人民共和國副主席榮毅仁出任董事長。公司的主要任務是接受各部門、各地方的委託，根據《中外合資經營企業法》和有關法令，引進外國資本和先進技術、設備，共同創辦合資企業。

和香港一河之隔的深圳小鎮這年建市，國務院批准由香港招商局在蛇口 2.14 平方公里的土地上，建立中國大陸地區第一個出口加工區。隨後，蛇口工業區開始炸山填海，破土動工，被稱為中國改革開放的第一聲「開山炮」。

這年，重大而影響深遠的改革開放政策，毫無疑問是中央決定把廣東的深圳、珠海和汕頭，劃為貿易加工區。鄧小平對當時擔任廣東省委第一書記的習仲勳說：「就叫特區嘛！原來陝甘寧就是特區。中央沒有錢，可以給些政策，你們自己去搞，殺出一條血路。」轉過年來，全國人大常委會正式批准廣東、福建兩省設立四個經濟特區。從此，經濟特區承擔着制度創新和改革開放試驗區、排頭兵的重要使命。尋求創業機會的人們紛紛從全國各地湧向深圳。

人們感受到民族振興的前景。12 月 6 日，《中國青年報》報

道清華大學學生提出的「從我做起，從現在做起，為建設社會主義多做貢獻」的口號。12 月 23 日，中國男子排球隊戰勝日本隊奪得亞錦賽冠軍的消息，點燃了人們的愛國熱情。北京大學的學生一夜不眠，喊出了「振興中華」的口號。

1980 年
了結與開拓

《人民日報》元旦社論的題目叫《迎接大有作為的年代》。隨後，一曲《在希望的田野上》唱遍大江南北，把人們引入1980年代。

為了結過去，1980年的中國，加速處理歷史遺留問題。5月，中華人民共和國原國家主席劉少奇的冤案得以平反。隨後，在「文化大革命」中先後形成的林彪、江青兩個反革命集團的主犯，在特別法庭受到審判。這次審判首次使用了電視直播，對數億觀眾來說，在感受到新鮮的同時，也是一次空前的普法教育。當時的中國，很少有人知道法庭是怎樣審判案件的。

與此同時，中共中央《關於建國以來黨的若干歷史問題的決議》正在緊鑼密鼓地起草討論之中。鄧小平在1980年明確表示，起草這個歷史決議，是要「對過去的事情做個基本的總

結」，關鍵是要科學地評價毛澤東。他說：「沒有毛主席就沒有新中國，這絲毫不是什麼誇張，毛澤東思想培育了我們整整一代人，沒有毛澤東思想，就沒有今天的中國共產黨，這也絲毫不是什麼誇張。」為了保證《決議》能夠充分反映全黨的意見，1980 年 10 月，中央組織全黨高級幹部四千人對《決議》草稿進行討論。這次大討論，事實上是對新中國成立後一些是是非非的重大問題作了一次梳理。1981 年 6 月召開的中共十一屆六中全會，通過了《關於建國以來黨的若干歷史問題的決議》，終於徹底地了結過去，讓人們團結起來向前看，去開拓未來。

開拓未來之初，難免挾帶困惑。4 月，《中國青年》雜誌刊出署名潘曉的來信，提出「人生的路呵，為什麼越走越窄？」沒想到這封信牽動了廣大青年的心，展開了一場「人生的意義究竟是什麼」的大討論。編輯部先後收到近 6 萬封來信，編發了 18 萬字的稿件。儘管討論既有共鳴也有爭議，但它給改革開放初期的青年帶來的啟示和激勵，卻是毋庸置疑的。

開拓更需要勇氣。10 月 23 日，中科院物理所研究員陳春先等科技人員，在中關村創辦了第一個民辦科技機構「北京等離子體學會先進技術發展服務部」。此前 1978 至 1980 年，陳春先先後三次訪問美國，參觀了硅谷，受到啟發。他當時肯定想不到，他進駐的中關村，後來竟有「中國硅谷」之稱，而他作為「中關村第一人」的名聲，至今仍然有人記得。

經濟特區這個字眼，從南方開始走進人們的視線，誘發無

數開拓者的創造熱情。這年，北京航空食品公司獲得中國工商部門頒發的第一號中外合資企業營業執照。合資經營企業的誕生，意味着中國經濟將藉外資的翅膀起飛。

與此同時，北京市東城區工商局破例允許一個叫劉桂仙的人開辦了中國第一家個體飯店。這在糧、油、魚、肉都要憑票供應的情況下，是件新鮮事。9月30日那天，劉桂仙的悅賓飯館在東城區翠花胡同開張的時候，聞訊而來的人們擠滿了胡同，僅有四張桌子的餐廳根本招待不了這麼多人，只好給那些排隊的人發號。到晚上一盤點，一天淨賺了40多元，相當於一個職工一個月的工資。

那時候，許多人都不明白，經營小買賣是需要工商營業執照的。19歲的浙江溫州姑娘章華妹，從1979年起，在自家門口擺張桌子，賣點紐扣、手錶帶之類的物品。突然有一天，剛剛成立的街道工商所的人對她說，現在放開了，可以去領一張營業執照。章華妹覺得，在自家門口賣東西，要執照幹什麼？倒是新中國成立前做過布匹生意的父親明白，有了執照對生意有用處。結果，1980年12月11日，她領了個照，工商證字第10101號。無意間，章華妹成為「中國第一個有正式營業執照的工商個體戶」。

開拓給人們帶來新的生活風采。這年放映的《廬山戀》，頻頻出現連衣裙、喇叭褲、蛤蟆鏡、大波浪長髮，甚至還有泳裝⋯⋯張瑜扮演的女主人公周筠，是來自大洋彼岸的華僑女

青年，她竟然主動去吻心慕的男青年，這一驚世駭俗之舉，震撼了無數觀眾。許多青年明白了，原來有這麼漂亮的衣服可以穿，戀愛可以這麼浪漫地談，廬山有這麼美麗的風景可以遊。這部影片當年觀影人數達到 1 億人次。將近 40 年後，旅遊勝地廬山還長年放映着《廬山戀》。

開拓給人們帶來了財富。1980 年春天，「萬元戶」首次出現在《人民日報》的報道中。報道說，蘭州市郊雁灘人民公社灘尖子大隊一隊社員李德祥家，有六個壯勞動力，去年從隊裏分了一萬元，社員們把他家叫「萬元戶」。從此，「萬元戶」成為先富起來的一部分人的代名詞。

中國農村出現了第一個億元村。江蘇江陰縣的華西村，把全村 500 多畝糧田讓 30 多名種田能手集體承包，剩餘下來的勞動力，全部轉入社隊辦的集體小企業。他們把原來的五金廠窗簾拉開，圍牆推倒，大辦起鍛造廠、帶鋼廠，到 1980 年，全村的工農業生產總值突破了 1 億元。

起飛的當然不只是經濟，還有中國的國防科研。5 月，中國第一顆洲際導彈，從中國本土飛越萬里長空，準確地落入太平洋預定海域。

開拓也是一種前所未有的危險事業。也是在 5 月，科學家彭加木帶領一支綜合考察隊進入新疆羅布泊後，他說要去找一點水，結果失蹤了。在大規模地尋找後得出的判斷是，這位科學家可能是被狂暴的戈壁流沙吞噬了生命。這件事在當時引起

許多人的關注。

　　對中國社會影響深遠的事件，是中國城鎮年輕的父母們，開始接受一個新名詞——「獨生子女」。「計劃生育」成為中國的一項基本國策。1980 年以後出生的孩子，大多屬於獨生子女，他們在社會學領域，擁有一個共同的稱謂，叫「80 後」。

1981年

多彩時節

改革節奏，人民生活，社會面貌，迎來目不暇接的變化和新奇。1981年是一個多彩時節。

對青年學子來説，開頭就是好日子。

1月間，沒有能夠考進大學的人，開始有了通過自學考試獲得高等教育學歷的途徑；已經進入大學校門的，學校開始實施《學位條例》，學士、碩士、博士等誘人的稱號成為青年學子的追求。如果你想學外語或出國留學，那麼，一種叫做「托福」的考試，也在這年登陸中國了。新近發行的第一張國內全英文報紙《中國日報》，更是推波助瀾，掀起方興未艾的學外語熱潮。

也是在1月間，中國老百姓的經濟生活中出現了一個新的名詞，叫國庫券。巨大的投資規模已導致連續兩年出現巨額財政赤字。1981年第一次發行的國庫券，總金額40億元，10年

還本付息，年息 4 厘，自發行第六年起分 5 年作 5 次償還本金。國家計劃是，全民所有制和集體所有制單位購買 20 億元，城鄉人民購買 20 億元。當時規定，國庫券不得當作貨幣流通，不得自由買賣。

7 月，國務院作出規定，扶持和發展個體經濟，幾乎是一夜之間，「個體戶」就改寫了街頭巷尾的面貌。許多回到城裏的下鄉知青和原本就在城裏的待業青年，開始擺攤設舖，或修理自行車，或開小飯館，或倒騰服裝鞋帽等日用品。隨即出現了「倒兒爺」這個新鮮名詞。「大鍋飯」雖然風光依舊，但幹個體也不失為一條很實惠的生計。在北京，有一群年輕人，在前門城樓下搭棚賣兩分錢一碗的「大碗茶」，竟也創立了自己的品牌，後來成立了北京市大碗茶商貿有限公司。

9 月，有 11 萬軍人參加的代號為「802」的華北軍事演習，在古長城腳下擺開了戰場。五天的實兵演練，模擬敵軍集群坦克進攻，空降與反空降，陸軍師堅固陣地防禦，戰役預備隊反突擊，四個演練科目環環相扣，由此成為中國軍隊在新時期邁開正規化、現代化建設新步伐的重要標誌。

人們的文化生活多起來了，日常追求也多姿多彩起來，衣着打扮更是追求着時髦。燙卷髮、穿喇叭褲、跳迪斯科或交誼舞，戴着墨鏡，提着錄音機，裏面飄出各種流行歌曲，鄧麗君的「靡靡之音」瀰漫在大街小巷。台灣的校園歌曲風靡大陸。《鄉間小路》《外婆的澎湖灣》，幾乎每個青年人都會哼幾句。

　　隨着電視開始進入尋常百姓家庭，茶餘飯後有了更多的話題。人們在 4 月看到了中國乒乓球隊在南斯拉夫舉行的第 36 屆世界乒乓球錦標賽上，包攬了全部七項世界冠軍。於是開玩笑說，中國隊應該拆分成兩個隊來打才有意思。

　　11 月，中國女子排球隊在日本舉行的第三屆世界杯女子排球賽中，七戰七捷，獲得世界冠軍。郎平、孫晉芳、張蓉芳這些名字幾乎家喻戶曉。隨後舉行的十佳運動員評選，讓中國社會再次擁有了自己的體育明星。從 1981 年到 1986 年，中國女排創下了世界排球史上第一個「五連冠」，成為整個 1980 年代中國社會極為激動人心的事件。據當時的報道，全國各條戰線都掀起向中國女排學習的熱潮，還概括出了「女排精神」，其核心內容就是「拚搏」二字。

　　與此同時，中國社會也再次擁有了自己的電影明星。5 月，第一屆中國電影「金雞獎」和第四屆電影「百花獎」分別在杭州揭曉。《巴山夜雨》《廬山戀》《天雲山傳奇》這些作品榜上有名。主演《廬山戀》的張瑜，同時獲得兩項最佳女主角獎。

　　文學界對優秀作品開始轟轟烈烈的評獎。第一屆全國中青年詩人優秀新詩獎，第一屆全國優秀電視劇獎，第一屆全國優秀中篇小説獎，第一屆全國優秀報告文學獎，在 12 月紛紛評選出來。一批後來在文壇上叱咤風雲的作家詩人，成為獲獎的主角。北島、舒婷、雷抒雁這些青年詩人，成了那時候文學青年的偶像。

與此同時，一幅題為《父親》的油畫，驚動中國乃至世界的畫壇，成為當代中國藝術的文化符號。羅中立創作的這幅作品，在金秋曬場背景下，突現一張端碗喝水的老農飽經滄桑的臉，讓全世界認識了中國人的「父親」。特別是「父親」的眼神，在滄桑迷茫中，有一種期盼和渴求。那正是改革開放初期中國人的眼睛，迷茫中又充滿希望。

1982年

坐　標

　　9月，新華社報道了一個不起眼的消息，國家測繪局成功地完成了一個全新的中國高精度大地坐標系統。也就是說，中國大地任何一個地方，從此有了一個準確的坐標位置。

　　與此同時召開的中共第十二次全國代表大會，則為中國確立起一個歷史坐標。這個坐標的名字，叫「中國特色社會主義」。鄧小平在這次大會的開幕式上說：「把馬克思主義的普遍真理同中國的具體實際結合起來，走自己的道路，建設有中國特色的社會主義。」隨後通過的新憲法，使建設有中國特色的社會主義成為國家意志。十二大選舉胡耀邦為中共中央總書記，還明確幹部退休制度，成立中央顧問委員會，這個機構存在了十年。

　　中共十二大還確立了中國經濟發展的戰略坐標：從現在起，

要全面開創社會主義現代化建設的新局面，經濟的發展戰略目標是，要在本世紀內使工農業生產總值翻兩番。在這之後，在城鎮鄉村的許多地方，都刷上了「翻兩番」的標語。

和台灣溝通，促進中國統一大業，也有了坐標性的舉措。根據鄧小平提出的「一國兩制」方針，國民黨元老廖仲愷先生的公子廖承志，7月間用文言體給他少年時候的朋友、主政台灣的蔣經國先生，寫了封膾炙人口的信。信中引用的兩句話，「度盡劫波兄弟在，相逢一笑泯恩仇」，在社會上廣為流傳。

英國首相撒切爾夫人9月訪問中國，她是第一個到中國訪問的英國在任首相。鄧小平直率地同她談到中國關於解決香港問題的基本原則，中英之間隨後開始進行關於香港回歸中國的談判。

為使那些具有歷史文化意義的城市文物古跡免受破壞，國務院這年公佈了首批24座歷史文化名城。這些城市，有的是歷史上的著名古都，如西安、北京；有的是擁有歷史積澱的完整建築群，如平遙、寧波；有的是建築與山水環境疊加而彰顯出鮮明個性，如桂林、蘇州；有的擁有鮮明的地方文化和民族風情，如麗江、拉薩；有的是因某種職能在歷史上佔有特殊地位，如「鹽都」自貢、「瓷都」景德鎮，等等。開啟歷史文化名城的保護，彷彿是在中國的土地上樹立起一個又一個歷史人文坐標。

第三次大規模的人口普查，使中國大陸人口有了一個比較準確的坐標。以1982年7月1日零點為標準時間，人口總數為

1031882511 人。也就是說，中國大陸地區的人口突破了十億。11 月，計劃生育作為一項國策，寫入新的《憲法》。

在農村，影響最大的是中共中央發出的一號文件。文件批轉的《全國農村工作會議紀要》，把農村包產到戶、包乾到戶等做法，統稱為「聯產承包責任制」，為探索多年的農村土地承包的改革正了名，上了社會主義的「戶口」。到這年底，全國大多數生產隊實行了包產到戶或包乾到戶。一些條件比較好的、集體積累多的生產隊，因地制宜，沒有進行土地承包。農業生產形勢普遍好起來，全國農業總產值比上年增加 11.2%。

在浙江義烏，一個叫馮愛倩的中年婦女，靠到外地百貨公司批些便宜的紐扣、鞋帶、別針等小商品，擺地攤賣貨為生。雖說辛苦，但幾天就可以賺出她過去在飯店上班時一個月的工資。賺了錢，壓力和風險隨之而來。當時這種經商方式被視為「投機倒把」，縣政府還特地設立有「打擊投機倒把辦公室」，專門負責堵、攔、沒收貨物。情急之下，馮愛倩在縣委門口攔住新任縣委書記謝高華，責問為什麼不允許人們擺攤賣貨。正是這次「討說法」，促使義烏縣政府在 9 月發了一個紅頭文件，明文規定：允許農民經商，允許從事長途販運，允許開放城鄉市場，允許多渠道競爭。一時間，全縣的小商品買賣似雨後春筍冒了出來。在義烏縣工商局沿街，興起了毛竹搭棚、水泥台子上擺攤的馬路市場。

與此同時，深圳經濟特區的建設顯出了它特有的「坐標性

效應」。1982 年動工的深圳國際貿易中心大廈，創造了「三天一層樓」的驚人奇跡，一時被稱為「深圳速度」。這座高 53 層共 160 米的地標性建築，成為中國大陸地區建成的第一座綜合性超高層樓宇。同時，被稱為「深圳速度」的，還有深圳人創造的辦事效率高、條條框框少、工作和生活節奏快。

城市居民的生活，這時候也開始有了新的商品消費坐標。家用電器的消費，迅速升溫。在過去，自行車、手錶、縫紉機是居家過日子的「三大件」，如今的人們開始追求新的「三大件」：電視機、洗衣機和電冰箱。

1983 年

構建新規

今天的人們是否還記得當年馬季身穿一身藍布制服、用幽默的山東方言吆喝着「宇宙牌香煙」？是否還記得聾啞姑娘們整齊劃一的千手觀音？是否還記得曾經令你捧腹大笑的「昨天、今天、明天」？正是這些節目陪伴中國大多數人度過了一年又一年的除夕之夜，事實上成了近 40 年間中國人的新民俗。

這個新民俗是從 1983 年春節開始的。中央電視台舉辦的第一屆春節晚會，第一次現場直播、第一次觀眾參與點播互動、第一次設立晚會主持人，給舞台文化注入了強勁的新鮮元素，給觀眾帶來意想不到的驚喜。除了馬季的單口相聲，1983 年的春節晚會，給人留下深刻印象的，還有王景愚演的啞劇小品《吃雞》，以及應觀眾要求，臨時加上的李谷一演唱的《鄉戀》。

中央電視台在這年春節，還播放了一部紀錄片，叫《説鳳

陽》。人們從鏡頭裏實實在在地看到農村實行聯產承包責任制後發生的變化。承包使貧困的土地煥發了生機，笑容普遍回到了農民的臉上。1983 年，實行 25 年的人民公社體制也走到了盡頭。中央決定撤銷人民公社建制，恢復設立鄉鎮政府。從此，人們寫信不再有某某公社某某大隊某某小隊的地名，而是某某鄉某某村。新名字意味着新規矩，意味着中國農村改革走上了不歸之路。

走在這條不歸路上，新規的出現，讓人們的思想觀念受到不小衝擊，需要調整。安徽蕪湖的個體戶年廣九經營「傻子瓜子」，生意越做越大，竟僱用了 100 多人來打工。僱工經營有剝削嫌疑，上面派來了調查組，有人主張取締「傻子瓜子」。還是鄧小平出來說話：僱工問題，放兩年再看，那個能影響到我們的大局嗎？如果你一動，群眾就說政策變了，人心就不安了。讓「傻子瓜子」經營一段，怕什麼？新的經濟規矩便在這「放兩年再看」的探索中逐步生長起來。

後來跑遍全國的桑塔納轎車，這年在合資企業上海大眾下線。原來的上海汽車廠用老廠房入股，德國大眾汽車公司負責桑塔納生產線設備。於是，便出現了這樣的奇異景觀：當桑塔納轎車電子控制設備運進來的時候，另一邊的鈑金工還在用榔頭敲着自己的上海牌轎車。水平差距近半個世紀的產業鏈「秩序」，在同一個廠房共存了整整一年。

這年召開的六屆全國人大一次會議，恢復設立中斷近 20 年

的國家主席一職，李先念被選舉擔任新中國的第三任國家主席。

一切似乎都開始走向正軌。改革開放以來日益變化的社會風氣，這年開始在人們的精神世界逐漸形成新的規矩和秩序。

南京的地標性建築金陵飯店開始營業，當人們撥通它的電話，話筒裏傳來的是「你好，南京金陵飯店」。這種自報家門式的服務，在今天習以為常，在當時卻讓許多人很不習慣。與此同時，開始了「五講四美三熱愛」的文明活動，內容是講文明、講禮貌、講衛生、講秩序、講道德，心靈美、語言美、行為美、環境美，熱愛祖國、熱愛社會主義、熱愛黨。這實際上是一場全國性的精神文明新的規矩和秩序建構。

共青團中央授予山東女青年張海迪「優秀共青團員」的稱號。她 5 歲時便高位截癱，全身有三分之二的部位失去知覺，但她刻苦自學醫療技術，為一萬多群眾看病治療，還自學外語，翻譯小說。

在陝西華山風景區內，有十多位遊客從陡峭的山崖跌落下去，正在現場的 200 多名第四軍醫大學的學員，奮不顧身搶救遇險者，「華山搶險」傳為美談。在同一個地方，還發生了第四軍醫大學的學生張華搶救一個農民而犧牲的故事。一時間，在全國掀起了用一個大學生的生命換取農民的生命是不是值得的討論。

培養人才的規矩也有了模樣。5 月 27 日，中國以最高禮遇，在人民大會堂為首批自主培養的 18 名博士頒發學位證書。

擁有悠久文明的中國培養出了第一代自己的博士。

　　1983 年的中國，有兩部電視達到萬人空巷的收視效果。一部是電視劇《霍元甲》，一部是紀錄片《話說長江》。前者把中華傳統武術和愛國情感結合起來，讓人覺得電視劇原來可以這樣扣人心弦地來講述故事。後者比較原汁原味地展現了中國母親河沿岸的山水人文和社會風貌，讓人知道紀錄片可以有主持人，還出畫面，不用播音腔來解說。這意味着電視傳播開始朝向新規矩發展了。

　　為了扼制釋放社會活力時出現的泥沙俱下的罪惡膨脹，讓改革開放更加有秩序地進行，8 月，政府作出嚴厲打擊刑事犯罪分子的決定。「嚴打」在這年成為整頓社會秩序、建立新規矩的主題詞。

1984年

四季都在收穫

　　1984年給中國人帶來的感受，如果只用一個詞來形容，「驕傲」或許比較恰當。人們驕傲的是，這年收穫了改革開放的初期果實。

　　1月，伴着早春的腳步，鄧小平南下考察經濟特區和江蘇等省區。在「時間就是金錢，效率就是生命」的深圳口號引起爭論的時候，在一些人質疑創辦經濟特區是否合適的時候，他寫下「深圳的發展和經驗證明，我們建立經濟特區的政策是正確的」的題詞，關於經濟特區的爭論最終停歇下來。不僅如此，中央還決定進一步擴大開放14個沿海港口城市。

　　2月26日晚上，中央電視台《新聞聯播》中斷正在播送的國際新聞，臨時插播肯定步鑫生改革的消息。裁縫出身的步鑫生是浙江海鹽襯衫總廠的廠長，他藉鑒農村實行聯產計酬制的

辦法，讓工人們做多少活拿多少錢。該廠自創生產的「雙燕」品牌襯衫，闖入時尚前沿大上海，產品輻射全國 20 多個省市。他還提出「你砸我牌子，我砸你飯碗」的口號，硬生生地要打破「鐵飯碗」的用工制度。那是步鑫生一生中最輝煌的時刻。四年後，由於經營不善，他被免職，敗下陣來，但至今人們都記得和敬佩他這樣的改革先行者。

國營企業在這年春天熱鬧非凡。3 月 22 日，參加福建省廠長（經理）研究會成立大會的 55 位代表，聯名給省委書記和省長寫信，要求給企業「鬆綁」，擴大自主權。這封《呼籲書》在《福建日報》發表後，又經《人民日報》轉載，在全國引起轟動。順應各地「鬆綁」放權的呼聲，國務院 5 月 10 日發出《關於進一步擴大國營工業企業自主權的暫行規定》。「鬆綁」由此成為 1980 年代中期國營企業改革最通俗的說法。

農村的形勢更是喜人。在過去辦的社隊企業基礎上發展起來的鄉鎮企業，在有的地方已成為農村經濟的主體力量。特別是以「農村辦工業、集體經濟為主、政府推動」為特徵的「蘇南模式」，更是聲名鵲起。江蘇無錫縣的工農業生產總值超過 27 億元，其中工業產值達到 20.6 億元。3 月，中央決定將社隊企業改名為鄉鎮企業，不光是名稱的變化，內涵也今非昔比。原本的「社隊企業」只有兩個「輪子」（社辦企業、隊辦企業），正名為「鄉鎮企業」後，就成了四個「輪子」（鄉辦企業、村辦企業、合作企業、個體企業），無論企業數、就業人數、總產

值、工業產值均大幅度增加。鄧小平聽到這件事後，感慨地說：「農村改革中，我們完全沒有料到的最大收穫就是鄉鎮企業發展起來了，突然冒出搞多種行業，搞商品經濟，搞各種小型企業，異軍突起。這不是我們中央的功勳。」

到火熱的夏季，體育健兒又送來驚喜。第一次參加奧運會的中國運動員，在美國洛杉磯奧運會的射擊項目中奪得金牌，實現中國奧運金牌零的突破，帶來舉國的歡騰。中國在這屆奧運會上獲得的 15 枚金牌，洗刷了「東亞病夫」的恥辱。

夏天就要結束的時候，中國開始發放首批居民身份證。8 月 30 日晚上，在北京市東城區朝陽門街道朝內大街頭條居委會舉行的發證儀式上，共有 172 戶的 380 名居民領到了身份證。我是誰？曾經是一個相當尷尬的問題。在相當長一段時間裏，要想證明「我是誰」，光靠戶口簿是行不通的，碰上稍微大一點的事情，就得由單位出具蓋有鮮紅公章的證明信。這種遭遇，在今天的年輕人眼裏也許是不可思議的，卻是當時戶籍管理狀況的真實寫照。到 1990 年底，第一次集中頒發居民身份證工作基本結束。同時結束的，還有那些在身份證明上的尷尬歲月。

9 月 26 日，在金風送爽的秋天，中英兩國政府在北京草簽了關於香港問題的聯合聲明，宣佈中國政府將於 1997 年 7 月 1 日對香港恢復行使主權。香港從此踏上回家的路程。

四天後迎來第 35 個國慶節。天安門廣場已經連續 25 年沒有舉行過大規模國慶閱兵，現在中國有條件展示自己的新風采

了。老百姓從國慶閱兵中感受到國家的進步，在群眾遊行隊伍經過天安門廣場的時候，人們把對改革開放的真心認同，濃縮在了「小平您好」的橫幅當中。鄧小平在天安門城樓上宣佈：「當前主要的任務，是對妨礙我們前進的現行經濟體制，進行有系統的改革。」隨後，中共十二屆三中全會通過《關於經濟體制改革的決定》，正式提出建立社會主義有計劃的商品經濟。這標誌着中國進入了全面改革新的歷史階段。

改革的重點，從農村轉向了城市，並立刻爆出天大的新聞。

10 月，大型國營企業武漢柴油機廠，聘請德國退休專家威爾納·格里希擔任廠長，並保證他充分行使自己的職權。這一破天荒的舉措，引起社會議論。這位新中國第一位「洋廠長」確也不負眾望，上任伊始，就從模具入手狠抓鑄件質量，提出要像對待嬰兒一樣愛護設備，質量檢驗部門要成為廠長的眼睛等，由此贏得「質量先生」的外號。

城市的改革新事不斷。11 月 9 日，在大連開個體照相館的姜維，獲准成立中國大陸第一家私營企業，名字叫光彩實業有限公司。此前他很想和港商合資辦企業，但個體戶身份沒有法人資格，不能與外商合資。現在他如願了。

這時候，一些在事業單位捧着「金飯碗」的人坐不住了。在中國科學院做研究工作的柳傳志，已經 40 歲。11 月，他懷揣中科院的 20 萬投資，開了一家「中國科學院計算機新技術發展公司」（聯想集團前身）。沒有生意做，就去擺攤賣運動褲和家

用電器。人們沒有想到，就是這個聯想集團，30 多年後躋身於
世界 500 強企業。除了柳傳志，這年前後下海經商後來成為著
名企業家的，還有不少，比如在房地產業呼風喚雨的萬科集團
創始者王石，更有如今譽滿全球的華為集團創辦人任正非。

11 月 19 日，入冬時分，中國第一支南極考察隊離開上
海，奔向遙遠的地球南極雪原。12 月 31 日，他們在喬治王島菲
爾德斯半島的南部，升起第一面五星紅旗，隆重舉行中國南極
長城站的奠基典禮。這是對四季都在收穫的 1984 年的一個精彩
告別。

1985 年

軍人和知識的風采

　　被中國老百姓稱為「鋼鐵長城」的人民軍隊，這年做了一件令世界為之關注的大事——裁軍一百萬。這是中國對世界和平發展作出的新貢獻，也是建設現代化軍隊的戰略舉措。從此，走精兵之路，成為中國軍隊最響亮的口號。

　　圍繞這個目標，中國人民解放軍三總部編制精簡了近一半；原有的 11 個大軍區精簡合併成 7 個，減少軍級以上單位 31 個，撤銷師、團級單位 4054 個。一大批軍工企業轉向民品生產，部隊的機場、碼頭、鐵路、醫院逐步向社會開放。

　　原來的鐵道兵、工程兵這些兵種被撤銷後，幾十萬官兵集體轉業。被減裁下來的軍人向伴隨多年的軍旗行了最後一個軍禮，含淚告別軍營，投入到經濟建設的主戰場。深圳的基礎建設便是由工程兵們建設起來的，它的一位師長後來擔任了深圳

市的副市長。

5 月 1 日，軍隊官兵都換上新的軍裝。這是從 1965 年後的第一次換裝。新的軍服看上去比過去更漂亮，更威武，更有精神。與此同時，陸軍各野戰軍整編成為集團軍，新組建了陸軍航空兵、電子對抗兵等，現代化特種兵員的數量，第一次超過了傳統的步兵。當 1986 年「國際和平年」到來的時候，中國人民解放軍已經基本完成了「百萬大裁軍」的戰略行動。

參加對越邊境自衛戰的解放軍英模匯報團，這年分 7 個分團到全國各地作巡迴報告。歌曲《血染的風采》傾倒無數聽眾，好長一段時間都成為各行各業文娛晚會的保留節目。

在改革中前進的中國，不僅展現出軍人的風采，由於開啟科學技術體制和教育體制的改革，還展現出知識的風采。3 月召開的全國科技工作會議提出，要解決科學技術工作面向經濟建設的問題。隨後，中央政府提出「抓一批短、平、快科技項目促進地方經濟振興」，取名為「星火計劃」。實施這個計劃，是為適應當時鄉鎮企業迅猛發展的需要，滿足農業生產專業化、商品化使農民普遍產生的對科學技術的渴望。從這時起，一些大學和科研院所的專業人才，利用周末假日，被郊區的一些鄉鎮企業拉去做技術顧問，被人們稱為「星期日工程師」。

尊重知識、尊重人才開始得到全社會認同。1 月，全國人民代表大會決定把每年 9 月 10 日設立為教師節。4 月 1 日，《中華人民共和國專利法》開始實施。這天，中國專利局收到國內外專利申請 3455 件，創造了世界專利史上的新紀錄。在航空航天

工業部 207 所工作的胡國華，成為第一位提交專利申請的發明人。他申請的「可變光學濾波實時假彩色顯示的方法和裝置」，能夠把衛星上拍地球的黑白圖片變成彩色圖像，專利登記號是「發明 85100001」。

這年知識界的一件大事，是北京大學王選教授主持發明的「漢字激光照排系統」，作為商品開始進入市場。漢字激光照排技術最光亮的風采，是讓印刷業告別了傳統的鉛字撿排工藝，被稱為中國印刷技術的第二次革命。中國需要傳播的知識和資訊，可以更方便快捷地搬到各種媒體工具上面。

科學技術成為生產力，關鍵要靠產品質量說話。4 月，剛剛擔任青島電冰箱總廠廠長的張瑞敏，收到一封用戶來信，反映他們的產品質量有問題。他派人檢查了庫存的 400 台冰箱，發現 76 台有缺陷，於是作出一個讓人震驚的決定：都砸掉。那時普通職工的月收入也就 40 多元，一台冰箱要賣 800 多元，砸掉誰不心疼！但這一砸，硬是砸出一個走向世界的海爾集團。國家博物館後來收藏了張瑞敏砸冰箱的鐵錘。

社會上開始出現浮躁心態，產生一些負面「風采」。5 月 19 日，在北京工人體育場舉行的第 13 屆世界杯足球預選賽，中國隊 1：2 負於香港隊，由此發生新中國成立以來第一次大規模的球迷鬧事事件。與此同時，吉林的長春市，莫名其妙地炒作起君子蘭，一株上品的君子蘭賣到幾萬元甚至十幾萬元，很容易讓人想起 1634 年荷蘭全國炒賣鬱金香的熱潮。這種浮躁泡沫，自然很快就破滅了。

1986年

新 聞

　　1986年，中國的電視機產量突破一千萬台。人們了解國家大事的途徑，不再是小道消息，除了像過去那樣每天早上聽中央人民廣播電台的新聞外，每天晚上看中央電視台的新聞聯播，成為許多人雷打不動的習慣。

　　科技領域出了一樁當時沒有報道，後來卻在新聞中頻頻現身的事情。王大珩等四位科學家聯名向中央遞交了一份關於跟蹤研究外國戰略性高技術發展的建議報告。鄧小平3月5日做出批示：「這個建議十分重要」，「找些專家和有關負責同志討論，提出意見，以憑決策；此事宜速作決斷，不可拖延」。

　　4月，國務院召集全國200多名科學家聚集北京論證，最終形成《國家高技術研究發展計劃綱要》，確定在生物技術、航天技術、信息技術、先進防禦技術、自動化技術、能源技術和

新材料技術等領域作為突破點跟蹤世界水平。由於科學家的建議和鄧小平的批示是在 1986 年 3 月，這個計劃被命名為「863」計劃。改革開放的中國科學技術發展，從此有了一個可操作的戰略規劃圖。

接下來的社會新聞是，從 5 月 4 日起中國實行夏時制。目的是為了節約能源，鼓勵人們早睡早起。後來夏時制被取消，因為中國太遼闊，實行的效果並不明顯。

5 月間的文化界最大的新聞，是為國際和平年舉行的《讓世界充滿愛》的巨型演唱會。韋唯、杭天琪、蔡國慶、崔健等當時最出名的 100 多位歌手在北京工人體育館集體合唱，在中國音樂史上留下濃墨重彩的一筆。人們意識到，通俗的流行音樂，也可以詮釋宏大的正面主題。特別是崔健抱一把吉他，兩邊的褲腳一挽一放、一高一低登場，一句「我曾經問個不休，你何時跟我走」，帶着粗糲的氣質和頗具滄桑感的嗓音劈空吼出，聽眾的掌聲、口哨、尖叫，陡然響起。《一無所有》這首歌的出現，標誌着中國搖滾樂原創時代到來了。

夏天最大的經濟新聞，是瀋陽一家有 70 多人的集體所有制企業宣佈破產。8 月 3 日上午，瀋陽市政府召開新聞發佈會，宣告累計虧損 48 萬元的瀋陽市防爆器械廠從即日起破產倒閉，並當場收繳了營業執照和印章。這是新中國成立以來第一家正式宣佈破產的公有制企業，在人們心裏引起的反響可想而知。在過去的觀念中，在公家的廠子裏有活幹，有飯吃，似乎是天

經地義的。如今不同了,全國人大常委會年底通過《企業破產法》,因為在會上爭議不少,於是加個括號叫「試行」,並附上一個條件,等《企業法》通過後再試行。

破產爭議沒有塵埃落定,一樁意味深長的新聞引起對改革敏銳的人的注意。人們長期把股票與資本投機、資本主義看成一回事。鄧小平 11 月 14 日會見約翰·范爾霖率領的美國紐約證券交易所代表團時,客人送他一枚紐約證券交易所證章,他回贈的則是面值 50 元的上海「飛樂音響」股票。這只股票是 9 月 26 日在中國工商銀行上海靜安信託業務部首家櫃台上市的,當天上市交易的只有延中實業和飛樂音響兩只股票,收盤時共賣出 1500 多股,約 8 萬元。

有一個叫馬勝利的人,是這年著名的改革新聞人物。他兩年前以 70 萬的利潤指標承包下石家莊造紙廠,走馬上任後率先在國營企業裏打破鐵飯碗、鐵交椅、鐵工資,號稱「砸三鐵」,並在廠裏搞層層承包。結果,當年就創利潤 140 萬元,1986 年突破 320 萬元。「馬承包」這個名字風靡全國,他先後在全國做了一千多場報告。馬勝利還跨地區承包了山東幾家造紙廠,這些企業也奇跡般地起死回生。但他後來成立的造紙集團承包了全國一百多家企業,因經營不善解體。

改革,本來就是在探索中前進的。1986 年目不暇接的新聞中透露出來的改革步伐,確實邁得波瀾壯闊。

1987年

掀 騰

　　這年最熱鬧的文化事件，是電影《紅高粱》的熱映。演員姜文嘶啞喊唱的「妹妹你大膽地往前走呀，往前走，莫回呀頭，通天的大路，九千九百九……」，傳遞出具有時代感的掀騰不已的勁頭和氣勢。

　　將近40年前從大陸赴台灣的老兵，終於可以回大陸探親了。隨着一批批台灣老兵回到闊別已久的故鄉，海峽兩岸掀起了互通親情的熱浪。《自立晚報》的記者這年衝破台灣當局的禁令，來到大陸採訪。踏上大陸的台灣同胞，看到了什麼呢？他們看到的是日新月異的掀騰景象。

　　這年，在深圳，首次公開拍賣土地使用權；在煙台，率先試行了住房制度的改革；在廣東，大亞灣核電站開工，顯示了中國潛在的巨大能量；在北京，文化部舉辦了第一屆中國藝術

節，來自全國的 50 多個藝術團體參加了演出。

所有權和經營權的分離改革，加速進行。全國範圍內國營大中型企業，普遍推行起承包經營責任制。證券市場、勞動力市場、技術市場、人才市場，越來越多地出現在人們的經濟生活當中。個體私營經濟、鄉鎮集體企業獲得飛速發展。1987年，全國城鎮個體從業人員已經上升到 569 萬人，私有企業23.5 萬家，鄉鎮企業更是異軍突起，有幾千萬農民離開祖祖輩輩賴以謀生的土地，在本地的鄉鎮企業或遠赴大城市打工過日子。

浙江溫州市召開全市企業家座談會，參加的有不少是曾經引起爭議的溫州私營企業老闆。溫州老闆由此登上社會舞台。10 月，有出版社出版了一套「溫州模式」叢書，其中有一本就叫做《溫州的農民企業家》。有人說，這是全國最早宣傳私營企業家的書。其實，早在 1985 年 5 月 12 日，《解放日報》便提出了「溫州模式」這個概念。與「蘇南模式」不同，溫州發展農村商品經濟，主要以個體戶和私營戶為主，或者說是以家庭工業為主。溫州人很聰明，為了避免麻煩，他們把個體戶和私營戶，叫做專業戶和重點戶。當地最有名的「八大王」，分別做的是電器、螺絲、礦燈、翻砂、線圈、膠木、舊貨等生意。

六大民用航空公司在這年成立，結束了政府經營民航業務的歷史。過去乘飛機，需要有縣團級以上的機構開證明，在今天，只要你有錢和身份證，只要你願意，可以隨時買票飛往全國各地。

掀騰的不只是改革局面，還有人們的生活。社會學家們調查統計，1987 年，中國出生了 2528.8 萬人，這是個註定後無來者的出生高峰，它由 1960 年代中國的前一個生育高峰所決定。中國的離婚率首次突破百分之一。北京的離婚夫妻流行吃分手飯，好合好散，不傷和氣。社會學家們的另一項統計是，全國這年擁有 8000 萬輛自行車。在大城市，車滿為患，上下班的時候，就像緩慢的洪流在大街小巷湧動。這時候買一輛自行車已經是輕而易舉的事，丟了或被偷了也不像過去那樣心疼，幾乎家家戶戶都丟過自行車。

對老百姓來說，這年最重要的一個詞語是「奔小康」。中共十三大提出社會主義初級階段理論，明確「三步走」發展戰略。第一步是解決溫飽，第二步是在 20 世紀末實現小康，第三步是在 21 世紀中葉達到中等發達國家的水平，基本上實現現代化。從此，「奔小康」成為中國人掀騰生活的重要目標。

讓一部分地區、一部分人先富起來的政策，使中國人的致富夢想受到鼓勵。那陣子，人們津津樂道的是什麼地方又出了個什麼能人賺了大錢。儘管是用羨慕的口吻談論別人致富，真正跟着幹起來的還是少數。企業有了生產自主權，不少人還是小心翼翼怕有個閃失。個人碰上好運氣發起來了，也還是怕露富。

許多人謹慎地過着越來越好的日子。上海市居民季穎、李惠英夫婦的一冊家庭賬本，記下家裏每一筆收入和支出，也記下老百姓在改革開放不斷前行的生活腳步：1977 年買第一台 9

英吋黑白電視機；1983 年分得 42 平方米的新房；1985 年買第一台 18 英吋彩色電視機和第一台電風扇；1987 年買第一台冰箱和第一台洗衣機。

東北大興安嶺發生特大火災。為撲滅大火，森林武警和解放軍官兵用樹枝撲打、使用乾粉滅火器、風力滅火機、直升機載水滅火、人工降雨、開闢防火隔離帶等各種辦法。人們從電視新聞播出的掀騰場面中，第一次看到撲滅森林大火之難。

1987 年 9 月 20 日 20 時 55 分，中國成功發出第一封電子郵件，內容是「越過長城，走向世界」。連接國際計算機網絡的中國，開始藉助信息革命，加速融入掀騰的世界。

1988 年

萬物生長

　　1980 年代的年輕人是唱着《我愛北京天安門》長大的，但許多人卻從來沒有到過天安門，更沒有登上過經常從電影電視上看到的天安門城樓。1988 年 1 月 1 日，天安門城樓對外開放，開始接待遊客。第一個登上城樓的遊客，還收到北京市旅遊局贈送的一隻景泰藍花瓶和一張證書。

　　改革進入闖關爬坡的階段。人們在這段路上，看到的是萬物生長的景象。

　　3 月，《人民日報》頭版頭條發表的《中關村電子一條街調查報告》，把電子科技轉化為生產力並進入市場的新事物生長局面，呈現給了世人。從 1983 年到 1987 年，聚集中國最著名的大學和科研院所的北京市海淀區中關村，各種公司如雨後春筍般地湧現，成為中國最大的計算機與電子產品集散地。每天到

中關村來採購的人流量，最高達到 20 萬人次。

還是 3 月，移動電話網在北京開通。一種俗稱為「大哥大」的高檔電子用品問世了。每台售價 2 萬元、每月還有通信費和頻率使用費的手持「大哥大」，第一次進入市民生活。然而，彼時的體驗卻遠談不上美好。摩托羅拉牌幾乎有磚頭般大小的「大哥大」很是費電，打上半個小時一塊電池就耗光了，每天得隨身帶上好幾塊電池。第一批移動電話只有 73 個信道，最多容納 2000 戶，意味着同一時間內只能滿足 73 個人打電話，用的人多了，互相搶信道，就會出現「打不通」的情況。打通了，通話質量也不好，時斷時續，通話時的模樣也怪，總要不自覺地伸長脖子使勁地喊。儘管很費勁，北京市民還是在營業廳排隊買「大哥大」，最長的要排上半年。

4 月，海南建省，海南島成為中國最大的經濟特區。「八方風雨會瓊州，十萬人才下海南」，不知激發了多少人的夢想。第一批「闖海人」後來回憶，他們來到海口才發現，這個省會城市沒有出租車，沒有程控電話，全城只有一個紅綠燈。但他們相信，靠自己的努力，萬物會在這個最年輕的省份生長起來。

生長出來的不光是一個省份。4 月閉幕的七屆全國人大一次會議，第一次把私營經濟寫進了《憲法修正案》，明確「國家允許私營經濟在法律規定的範圍內存在和發展，私營經濟是社會主義公有制經濟的補充，國家保護私營經濟的合法的權利和利益」。

雙軌並峙的計劃和市場，促進了萬物生長，把人們的經濟生活引向一個陌生的世界。喜歡光顧商場的人們發現，價格標籤有各種顏色，有紅的、白的和綠的。它們分別指的是計劃價、計劃指導價和市場價。由於實行價格雙軌制，同一種商品，如果有渠道從計劃內拿到進貨批條，倒賣到計劃外市場，能夠很不費力地賺到很多錢。人們把有這種本事的公司或人，叫做「官倒」。

萬物生長的複雜市場，有時難免讓人陷入尷尬。一首《跟着感覺走》的歌曲，風靡大江南北。跟着感覺走的人們開始營造出有些浮躁的社會氛圍。

5月8日，各大新聞媒體發佈了一個引人注目的消息，中國人民銀行將發行面額為 100 元和 50 元的人民幣。這個消息讓人們覺得新鮮，也深感意外。從 1955 年以後，人們手裏拿的人民幣，最高面額始終只是拾圓，用老百姓的話說，叫「大團結」。不變的鈔票，似乎意味着不變的價格。

經濟頭腦已經十分靈敏的老百姓，從百元大鈔中毫不費力地捕捉到一個消息，價格改革就在眼前，物價將全面上漲。果然，國務院 7 月間批准各地放開名煙名酒的價格，社會上還流傳從 9 月 1 日起將全面漲價的小道消息。搶購風潮頓時席捲全國，人們不顧實際需要，大把大把地把錢花出去，大堆大堆地把用不着的日常用品往家裏搬。

面對社會承受價格上揚的脆弱心理，和經濟秩序出現的混

亂局面，政府轉而實行治理經濟環境、整頓經濟秩序的措施。9月，為了穩住人們手中的人民幣，銀行開辦了長期保值儲蓄存款業務。

一部叫《浮躁》的長篇小說，這年獲得了飛馬文學獎，引起各階層的讀者共鳴。「浮躁」也成為萬物生長時期社會心態的形象概括。造導彈不如賣茶葉蛋，腦體倒掛讓人憂慮。越來越多的人不再安於循規蹈矩，下海經商成為許多人的選擇，皮包公司滿天飛。上海一青年還創辦了全國第一家「討債公司」，保安公司也開辦起來。變動不居的生活讓一些人迷失正常的感覺。

各行各業在這年還有許多萬物生長的事情：北京正負電子對撞機建造成功並首次實現正負電子對撞；中國首例試管嬰兒在北京醫科大學第三附屬醫院誕生；在北京舉辦了第一屆全國農民運動會；中國核潛艇運載火箭水下發射成功；從上海到嘉興的高速公路通車，這是中國第一條高速公路。

1989 年

考 驗

1989 年 4 月 13 日，第 11 億位中國公民降生。這個數字，意味着中國人口比新中國成立時翻了一番。9 月 15 日，全國開始實施居民身份證的使用和查驗制度。

在人們的記憶中，這是一個風波迭起的年份，也是中國經受巨大考驗的年份。

2 月，美國總統布什訪問中國。在 1972 年中美改善敵對關係之後，他曾經在中國當了幾年美國駐華辦事處主任，説起來也是一個中國通。鄧小平對他説，中國壓倒一切的現實問題是穩定。還説，沒有穩定，在中國什麼都搞不成。

布什走後不久，蘇聯總統戈爾巴喬夫來到了中國。他是 1959 年赫魯曉夫訪問中國後，第一個來中國的蘇聯最高領導人，標誌着中蘇兩國結束了 30 年的爭吵和對峙局面。鄧小平對

他説，過去我們雙方都説了一些過頭的話，要結束過去，開闢未來。兩國關係實現正常化，改革開放的中國將有更為安全的北部邊境。

來中國的戈爾巴喬夫沒有享受到紅地毯的國賓待遇。當時，天安門廣場已經發生動亂。這是新中國從 1949 年成立以來沒有出現過的事情，也是從來沒有經受過的考驗。政府採取措施，平息了這場政治風波。

風波過後，人們最關心的是怎樣評價中國的改革開放？中國下一步該怎樣走？這又是一個考驗。鄧小平説改革開放的政策不變。6 月，江澤民在中共十三屆四中全會上出任中共中央總書記。他在當選的時候表示：「這次中央領導核心作了一些人事調整。但是，黨的十一屆三中全會以來的路線和基本政策沒有變，必須繼續貫徹執行，在這些最基本的問題上，我要十分明確地講兩句話：『一句是堅定不移、毫不動搖；一句是全面執行、一以貫之。』」11 月，鄧小平辭去最後一個職務中央軍委主席，江澤民當選為中央軍委主席，1993 年當選為國家主席。

風波過後，西方國家紛紛對中國實施經濟「制裁」，中國發展的外部環境，陡然嚴峻起來，經濟發展自然受到非同一般的影響。這又是一場考驗。但中國人明白，歸根到底，是要把中國自己的事情辦好。

應對各種考驗，要有實招。風波過後，人們印象最深的，是中央立即着手辦 7 件群眾關心的事情。包括：砍掉流通領域

和金融領域的一批公司；制止高級幹部的子女經商，中央領導帶頭；取消對領導同志少量食品的「特供」；嚴格按規定配車，中央領導一律使用國產車；嚴格禁止請客送禮；嚴格控制領導幹部出國；嚴肅認真查處貪污、受賄、投機倒把等犯罪案件。中國共產黨明白，發生政治風波，是受國際國內的政治氣候影響，但歸根到底，執政黨要經受得住改革開放的考驗，必須取信於民。

全國人大常委會出台《行政訴訟法》，將在來年實施。對許多人來說，他們或許不太了解「行政訴訟」這幾個字包含的石破天驚的法律意義，但他們知道，這部法律給了他們在中國歷史上從未有過的權利，公民可以和政府打官司了。老百姓通俗地說這是「民告官」的權利。這意味着改革開放條件下的執政者，將會經歷新的考驗。

普通百姓的心態，也經受住了政治風波的考驗，人們的日子照常過。6月，北京出現第一家卡拉OK廳。這種源於國外、無樂隊伴奏的自娛自樂，很快為中國人接受，不久就在全國遍地開花。年底，社會學家們對北京青年結婚的平均費用做了一個詳細的調查，每對新婚夫婦的費用超過了一萬元。

為了過上好日子，有位四川商人這年來北京推銷竹編和藤椅，偶然聽說輕工商品緊缺的蘇聯，準備賣一些圖-154民航飛機。於是他在各地組織了500個車皮的輕工業商品，換回四架圖-154，轉賣給了四川民用航空公司，賺了將近一個億。這椿

以貨易貨的國際貿易奇事，不知激發了多少人的商業想象。

劉歡、韋唯、艾敬演唱的《彎彎的月亮》《愛的奉獻》《我的 1997》等一批歌曲流行起來。10 月 1 日，新中國迎來了 40 周年生日。「今天是你的生日，我的中國。清晨我放飛一群白鴿，為你銜來一枚橄欖葉，鴿子在崇山峻嶺飛過。我們祝福你的生日，我的中國……」這首名為《今天是你的生日》的歌曲，傳唱至今，成為祝福中國的經典。

1990 年
充滿希望的「工程」

　　這年 5 月 19 日，第一所希望小學在革命老區安徽省金寨縣南溪鎮落成，它標誌着中國青少年發展基金會救助貧困地區失學兒童的「希望工程」，正式啟動。

　　希望工程實施後不久，一位攝影記者在安徽金寨縣張灣小學採訪時，把一個叫蘇明娟的 8 歲女孩攝入了鏡頭，特別突出了她那雙能代表貧困山區孩子渴望讀書的「大眼睛」。這幅題為「我要上學」的照片發表後，打動了無數人的心，成為中國希望工程的宣傳標誌。有人說，如果希望工程是一本書，這幅照片就是它的封面。人們紛紛伸出援助之手，使希望工程成為改革開放後啟動最早、規模最大、參與最廣的社會公益事業。據 2015 年的統計，全國希望工程累計接受捐款 118.32 億元，資助貧困學生 5350560 名，援建希望小學 18982

所，平均 100 所農村小學中就有 7 所希望小學，援建希望工程圖書室 23490 套。

這年播出的第一部大型室內電視劇《渴望》，收視盛況空前。許多觀眾被女主人公劉慧芳的大愛無私感動，也有人質疑，真有劉慧芳這樣的好人嗎？其實，正像主題曲唱的那樣，「恩怨忘卻，留下真情從頭說」，劇中人懷着對真誠和美好的渴望，在真善美與假醜惡的較量中，給每個人完善自我帶來希望。

在北京舉辦的第 11 屆亞洲運動會，讓人們感受到整個中國的希望。面對西方制裁的壓力和世界上一些人的懷疑目光，能否成功舉辦這場體育盛會，已經成為關係中國尊嚴和榮譽的事情。舉辦亞運會最大的難題是缺少資金。於是，人們這年從新聞媒體中常常看到海內外各界人士熱情捐款、捐物、獻畫、義演和義務勞動的消息。「亞運為國爭榮譽，我為亞運添光彩」，成為最時尚的標語。已經退休的鄧小平到亞運會主賽場參觀的時候，說了句給許多人留下深刻印象的話：看來，中國的月亮也是圓的，比外國的圓。劉歡和韋唯演唱的《亞洲雄風》，成為這年最為流行的歌曲。北京的大街小巷到處張貼着熊貓「盼盼」的標誌。「迎亞運」成了老百姓的口頭禪。這屆亞運會 9 月 22 日在北京開幕，共有 37 個國家和地區的運動員參加，創下亞運會參賽國家和地區的新紀錄。中國運動員在這屆運動會上奪取 183 塊金牌，高居各參賽代表團之首，真有些「亞洲雄風」的意思。

亞運會的成功，展示了中國人的信心和創造力，也讓世界感受到，中國的改革開放仍然在充滿希望地大力推進。

5月，總共摘取過 14 項世界冠軍、贏得 106 枚金牌的退役體操「王子」李寧，創建了以自己的名字命名的公司，並成為第 11 屆亞運會中國代表團的贊助商。這一贊助，使李寧運動服「一炮走紅」。對於不少城市的 80、90 後來說，「李寧牌」滿足了他們少年時代關於穿戴的「虛榮心」。那個時候當父母的，覺得阿迪達斯、耐克這些品牌太貴，大多願意給自己的孩子買雙李寧牌的運動鞋。誰要是能從頭到腳、從衣褲鞋襪帽子到背包，配備上一整套的「李寧」，就幾乎代表着校園裏最前沿的時尚了。「一切皆有可能」，是李寧公司被廣為熟知的品牌標語。李寧體育運動品牌的出現，代表着中國改革開放後第一批強調個人影響力的民族品牌開始興起。

中國這年最大的改革開放舉措，是宣佈開發開放上海浦東，並將浦東開發作為今後十年中國開發開放的重點，由此讓人們看到整個長江經濟帶，在上海這一龍頭的帶動下的騰飛希望。

上海浦西外灘附近，有一個浦江飯店，原名叫查理飯店，曾是上海乃至遠東最著名的飯店之一。中國的第一盞電燈、第一部電話，是在這裏出現的。在許多老上海人的記憶裏，這裏是洋派、華麗和摩登的代名詞。在 1990 年就要結束的時候，這個飯店又一次「摩登」起來。12 月 19 日，新中國成立後誕生的

第一個證券交易所──上海證券交易所在浦江飯店掛牌開業。
當天有 30 種證券上市，其中股票八種。其實，在此之前的 12
月 1 日，深圳證券交易所也已「試開市」，來年春天掛牌營業。

從此，不少人擁有了新的社會身份，叫「股民」，他們從
事着充滿希望的新的經濟生活，叫做「買賣股票」。

1991年

變局下的進取

經過多年積累，國際格局的變化，在 1991 年達到高潮。

1 月，醞釀已久的海灣戰爭爆發。以美國為首的多國部隊出兵海灣地區，實施「沙漠風暴行動」。這是聯合國成立以來第一次在沒有反對票的情況下採取的國際軍事行動。當伊拉克的「飛毛腿」和美國的「愛國者」兩種導彈在天上飛來飛去的時候，中國老百姓第一次感受到什麼是現代化戰爭，並有了戰爭的勝負不僅取決於「鋼片」更取決於「硅片」的說法。

12 月，蘇聯解體，東歐劇變，在中國人的驚訝和感歎中走完了最後一段行程。蘇聯總統戈爾巴喬夫宣佈辭職，飄揚在克里姆林宮上空的蘇聯國旗悄然降下，世界上第一個社會主義國家在經歷幾年熱鬧的變化後解體了。在此前後，中國人熟悉的東歐所有的社會主義國家，也在經歷動盪後紛紛拋棄了原來的

發展道路。對峙 40 多年的東西方陣營之間的冷戰格局，降下了帷幕。

年初年底的這兩大事件，是第二次世界大戰結束後國際社會的重大變局。一時間，國際社會把目光投向中國，預期着中國也會有什麼變化。人們確實看到了中國的變化，那是在既定路子上不斷進取的變化。

從 5 月 1 日起，北京出現了一種新興的旅遊景觀。每天的大早和傍晚，都有許多人等候在天安門廣場，觀看國旗的升降儀式。如今，這已經成為到北京旅遊的熱門景觀。

在群雄爭霸的世界體育格局中，中國運動員這年取得兩個歷史性的突破。中國女子游泳運動員林莉在澳大利亞舉行的第六屆世界游泳錦標賽中，奪得女子 400 米個人混合泳冠軍，為中國奪得第一枚世界游泳金牌。21 歲的國際象棋運動員謝軍，戰勝蘇聯選手齊布爾達尼澤，榮登世界冠軍的寶座，從而打破了蘇聯女棋手 41 年來對這個項目的壟斷歷史。這次比賽，被國際象棋界稱為「世紀之戰」。

人們忘不了的，還有淮河流域發大水，受災人口達到兩億。海內外各界人士像支持亞運會那樣，捐款、捐物，支援災區。

在國際大變局中，中國在改革上進取依然。1 月 14 日，重慶市政府作出決定：在商業系統實行經營放開、價格放開、用工放開、分配放開的政策。這「四放開」開啟商業領域改革走向市場的先河，在重慶 11 家商業企業試點後，很快見了成效，

在全國引起轟動。不到一年時間，先後有 300 多批近 4000 人前來取經。在下一年，北京 40 萬商業職工便告別了鐵飯碗，實行全員合同制。打破鐵飯碗已成不可阻擋之勢。

宗慶後承包的一家只有十幾個正式員工的校辦企業，這年兼併了資不抵債、卻擁有 2200 多名正式員工的國營杭州罐頭廠。實際結果是，只用了 3 個月的時間，便還清了此前杭州罐頭廠的債務，當年的利潤就達到 2000 多萬元。這個進取故事的主題，當時被稱為「小魚吃大魚」，主角是杭州娃哈哈營養食品廠，即今天非常有名的娃哈哈集團。

與此同時，中國農村鄉鎮企業的發展，以極其頑強靈活的進取活力，邁上了一個新的台階。鄉鎮企業的總產值，在 1991年突破了一萬億元，佔到全國社會總產值的 1/4。

在開放領域，繼 1985 年和 1988 年中國吸收外商直接投資的兩次高潮後，1991 年出現第三次高潮。全年批准外商投資項目 12968 個，比上年增長 78.4%。與此同時，日本、英國、意大利等西方國家的政府首腦，以及美國的國務卿先後來中國訪問，西方國家和一些國際組織，在沒有宣佈取消對中國制裁的情況下，大體上取消了從 1989 年開始的所謂制裁。

在變局中不斷進取的中國，釋放出的社會活力，也很可觀。甚至可以說，正是社會活力塑造着進取的中國。

進入 1990 年代，爆發出幾近「瘋狂」的英語熱。學好英語，似乎成為改變命運、獲得成功的法寶。無數年輕人為此嘔

心瀝血，有的人考托福、GRE、雅思，考了幾十次，還有的人為了出國傾家蕩產也在所不惜。這年，在北京大學外語系當老師的俞敏洪，看到了英語熱後面的商機，辭職下海了。兩年後，他創辦的專門做英語培訓的北京市新東方學校，成了普通人學習英語、爭取拿獎學金出國留學的一個重要橋樑。俞敏洪和他的創業夥伴的故事，後來被拍成《中國合夥人》，成為體現改革開放以來年輕人勵志和創業的現象級影片。

這年播出的電視劇《外來妹》，讓人看到無數打工者的酸甜苦辣，主人公的執着追求和命運轉折，更激勵起無數人勇敢進取的心。「外來妹」從此成為一些地區對打工女孩子的一個專門稱謂。這個時候，已經有越來越多的人離開家鄉，出外打工或做生意，在進取中尋找新的希望和夢想。

到這年 1 月，北京已經有了 4000 多個移動電話用戶。手握形似磚頭的「大哥大」，是那些做生意的老闆們的時尚。對普通老百姓來說，他們最感興趣的，是在這年問世的、掛在腰間的漢字顯示的 BP 機。比起數字 BP 機，漢顯 BP 機可以用生動豐富的漢字傳遞信息，格外受到那些出門在外的人的鍾愛。

還有更超前的舉動。農民出身的 25 歲的浙江商人王均瑤，這年首開私人包機的先河，贏得「膽大包天」的個人聲譽。美國《紐約時報》評價說：「王均瑤超人的膽識、魄力和中國其他具有開拓和創業精神的企業家，可以引發中國民營經濟的騰飛。」

1992年

新一輪大潮

　　鄧小平 1 月的南方之行，後來被歌裏形容為「春天的故事」。在武昌、深圳、珠海、上海等地，他走一路，看一路，談一路，核心觀點是：「中國只要不搞社會主義，不搞改革開放、發展經濟，不逐步地改善人民的生活，走任何一條路，都是死路。」有位記者把鄧小平此行寫成一篇題為「東方風來滿眼春」的報道，發表在 3 月 26 的《深圳特區報》上，引起全國轟動。

　　中國共產黨這年秋天召開的十四大，明確提出建立社會主義市場經濟體制。探索了 14 年，中國的經濟體制改革終於確立了目標模式。新一輪改革開放大潮，由此到來。

　　為發展得更快一些，各種新政策新思路這年紛紛出台。海南省吸收外資開發洋浦經濟開發區；上海浦東建設，在項目審批和資金籌措上進一步放開；開放東北地區 4 個邊境城市，內

地所有省會城市都開始實行沿海開放城市的政策；推進股份制企業試點；廣東提出要在 20 年內趕上亞洲「四小龍」發展水平；歷經 40 年論證的興建長江三峽工程的議案獲得通過……凡此等等，不一而足。

深圳經濟特區推出驚人舉措。政府這年重獎知識分子，最高達到 110 萬元。知識和經濟攜手，科技與金錢共舞，成不可阻擋之勢。與此同時，中國自行研製的「長征二號 E」捆綁式運載火箭成功發射了一顆澳大利亞衛星，中國第一台 10 億次通用並行巨型計算機在長沙問世。

浙江義烏小商品市場，以成交額 10.25 億元的業績，位居全國十大市場榜首。隨後，經國家工商總局批准，義烏小商品市場被命名為義烏「中國小商品城」。1982 年設立的義烏小商品市場，經歷五次搬遷，八次擴建，如今已成為全球最大、對國際小商品貿易具有舉足輕重影響的國際商貿城。在聯合國確定的全球 50 多萬種商品中，義烏小商品市場就有 40 多萬種。「義烏指數」成為國內主要小商品生產廠家和國內外採購商的重要參考依據和「風向標」。

拍賣的槌聲在這年此起彼伏響起。上海拍賣私車牌照，武漢拍賣虧損的國有企業，各地拍賣含有吉祥數字的電話號碼。青島電話號碼拍賣創出新紀錄。一個號碼為 908888 的手機號，以 11 萬元的高價被一個鄉鎮企業買下。北京首次國際文物拍賣會落槌，成交 158 萬美元。在一片喊價聲中，市場經濟開始全

面進入人們的經濟生活。

上千萬人在這年蜂擁進股市，為能夠買到新股，人們提前一天排起長隊。在 8 月那個炎熱的夏天，秩序大亂，深圳的股民發生騷亂。

靠養鵪鶉起家轉而生產飼料的四川人劉永好，成立中國第一個經國家工商局批准的民營企業集團——希望集團。這一轉折使他和他的企業走上了快速發展的路子。時事分析家們把1992 年看成中國民營經濟成長的關鍵點，從業人員地位的提高大大扭轉了人們的觀念。

一批在黨政機關或事業單位工作的年輕人命運發生更大變化，他們主動拋棄「鐵飯碗」，辭職下到市場經濟之海去游泳了。他們中的不少人，後來成為成功的企業家，還給自己找了一個共同的名號「92 派」。屬於「92 派」的陳東升，當時在國務院發展研究中心工作，辭職創辦了嘉德拍賣公司，此後又創辦了泰康人壽保險公司。他後來回憶：「如果我 80 年代中期下海，別人肯定說我犯了錯誤；如果我 1989 年下海，別人肯定說我是混得不如意；但我 1992 年下海，別人的評價多是正面的，這就是社會主流價值觀變了，開始認同下海這個事了。」

新一輪改革開放大潮到來時發生的變化，不同的人有不同的感受。對孩子們來說，他們的感受是：「麥當勞」來了。4 月，北京第一家麥當勞餐廳，也是世界上最大的麥當勞餐廳，在繁華的王府井正式開業，第一天便擁來將近四萬名顧客，刷新了

麥當勞一天顧客人數的紀錄。對那些忙得連吃飯都顧不上的人來說，他們的感受是：方便麵「康師傅」來了。麥當勞、康師傅這樣的快捷食品，合上了中國人新的生活節拍。

引進的不只是外面來的快餐。1992 年，紛至沓來的外商投資熱再度興起。摩托羅拉中國電子有限公司開始在天津興建生產通訊和電子產品的工廠。微軟公司在北京開設辦事處，並同中國各計算機生產廠家簽署了計算機軟件新版本的授權使用協議。連屢屢讓人失望的中國足球國家隊，也在這年引進了第一位洋教頭施拉普納。

還有一件事，中國人經歷 40 多年積累，也達成了共識。10 月，台灣「海峽交流基金會」和大陸「海峽兩岸關係協會」在香港舉行商談，在「一個中國」原則下，達成「九二共識」。

1993年

舊記憶，新感覺

　　春天，海峽兩岸關係協會會長汪道涵和台灣海峽交流基金會董事長辜振甫，在新加坡舉行會談。兩岸穿越歷史第一次握手的「汪辜會談」，喚起人們不少舊記憶，帶來興意濃濃的新感覺。

　　改革進入第 15 個年頭，人們的生活越來越自在和多樣。中央電視台推出的「東方時空」，開始討論起贊不贊成城市居民養狗的話題。這在今天是順理成章，在當時卻是件讓人腦洞大開又不乏爭議的話題，因為不少人為溫飽犯愁的歲月才過去不久。

　　國家全面放開糧油購銷價格，敞開供應糧油。最後一批糧票和油票，這年悄悄地從糧店、從戶口本上消失了。其實，人們此前已經不拿糧票當回事，常常用它換雞蛋，換大米，換臉盆。再早幾年，用了幾十年的布票、豆腐票、副食本等許多象徵經濟短缺的票證，已先後退出了人們的生活。排隊購買緊缺

日用品的現象成為歷史，意味着計劃經濟體制下的特有現象在消失，新的社會主義市場經濟體制在發育。各種舊票證，也有新感覺，那就是成為人們的收藏品。

3 月通過的《憲法修正案》，正式寫入了「國家實行社會主義市場經濟」的條款。同時頒佈的《企業法》，使市場經濟中的企業主體有了經營的依據。11 月召開的中共十四屆三中全會，通過《關於建立社會主義市場經濟體制的若干決定》，構築起社會主義市場經濟體制的基本框架。

市場經濟是個舊名詞，人們對它擁有不少舊的記憶。社會主義市場經濟卻是一個新名詞，人們對它擁有的只是新感覺，在實踐中怎樣去做，對所有人都是一個新課題，結果是舊記憶和新感覺相互摻雜地都跑了出來。一些地區還沒理清發展思路，在這年就「大幹快上」了。一個段子開始流行，說是一塊磚掉下來砸到十個人，有九個都是「老闆」。留給人們記憶最深的是這樣一些熾熱的場面：似乎人人手中都握有鋼材、汽車、家電、化肥等緊俏商品，一經轉手便能賺取許多。鋼材的價格幾經炒作短時間裏就漲了四倍多。

股票熱、房地產熱、開發區熱、集資熱，遍佈各地。廣西北海是一個僅有十多萬人口的城市，興起的房地產旋風，「颳」來各地不少房地產投資商。當地傳說，到 2010 年，全世界前十位大城市，有北海一個。結果是眾多的「爛尾樓」和賣不出去的別墅，後來用作了雞舍和鴨舍。

全國固定資產投資規模高達 13000 多億元，比上年增長

61.8%，經濟過熱導致通貨膨脹達到 21.7%，為經濟發展埋下了隱患。從下半年開始，中央政府不得不對經濟發展實行宏觀調控，推出嚴格控制貨幣發行、穩定金融形勢等 16 條措施。

在市場經濟的海洋中游泳，人們對自己的命運似乎不像以前那樣容易把握，情感上又多少想起過去的穩定歲月，由此使懷舊成為不小的時尚。

1993 年，是毛澤東誕生 100 周年。新聞媒體常常報道各種紀念活動，過去傳唱的紅色歌曲成為流行歌曲。由中國唱片公司上海分公司出版的一盒名為《紅太陽——毛澤東頌歌新節奏聯唱》的歌帶，銷售量突破 400 萬盒大關。大街小巷到處飄出「太陽最紅，毛主席最親」的歌聲。出租車司機也流行把毛澤東的相片掛在擋風玻璃上，說是可以保佑平安，還可以避邪。

還有件讓人們從舊的記憶中做出新感覺的事情。12 月，在總結學雷鋒活動經驗的基礎上，共青團中央發起青年志願者行動。兩萬多名鐵路青年率先打出「青年志願者」的旗幟，在京廣鐵路沿線開展為旅客送溫暖志願服務。這項行動迅速在全國展開，服務領域不斷擴大，在農村扶貧開發、城市社區建設、環境保護、大型活動、搶險救災、社會公益等領域，都能看到青年志願者的身影。2000 年，每年 3 月 5 日紀念雷鋒的日子被確定為「中國青年志願者服務日」。

過去的記憶和新鮮的感覺，就這樣延伸和融入人們的日常行為之中。

1994 年
齊頭並進

　　為建立社會主義市場經濟體制，經濟領域的配套改革方案在這年緊鑼密鼓出台，齊頭並進實施。

　　元旦那天，中國實行匯率制度改革，人民幣實現經常項目下有條件可兌換。這是什麼意思？意思是，過去你想用人民幣換點美元，實際上有三種價格：國家牌價、市場調劑價、「黑市」價。改革後雖仍然存在「黑市」，但國家牌價與市場調劑價並為一體，由此結束了九年的外匯「雙軌制」，形成以市場供求關係為基礎的、單一的、有管理的浮動匯率制。

　　隨之而來的，是人民幣與美元的匯率從 5.76：1 調整為 8.7：1。這一調整，使中國外貿型產業成本下降，國際貿易競爭力大大增強，出口貿易額劇增，吸引外商大量向出口貿易類產業投資。這年中國吸引的外資突破 300 億美元大關，佔全世界

引資總量 14.96%，在發展中國家的比例更是超過了 30%，中國作為引資大國的地位就此確立，並且一直牢牢佔據着這一位置。

與此相應，此前受到追捧的外匯券，停止發行和流通。外匯券是供短期來華外賓和回國僑胞使用的兌換券，它可以從免稅商店裏買到國外進口的或一般商店稀缺的緊俏商品。

金融體制改革有了突破性展開。中國進出口銀行、中國農業發展銀行、國家開發銀行這年相繼成立。政策性銀行的組建，標誌着順利實現政策性金融和商業性金融的分離，目標是形成以國有商業銀行為主體、多種金融機構並存的金融組織體系和市場體系。

這年上演的改革「重頭戲」，是財稅體制從「包乾制」到「分稅制」的變革。從 1980 年開始實行的中央與地方財政「分灶吃飯」的包乾制，帶來的弊端是，經濟發展的稅收增量幾乎都留在了地方，中央財政收入比重逐年下降，宏觀調控能力弱化，涉及全局性的基礎項目上不了馬，還發生過中央向地方「借錢」並且借而不還的事情。此外，各省區之間搞低水平重複式建設，並相互封鎖市場。比如，你如果出差到湖北，要買盒湖南生產的香煙，攤主會說沒有，看你實在不想買湖北生產的，他會四處望望，偷偷從煙攤底下的箱子裏摸出一盒湖南煙賣給你。改為分稅制後，從地方拿大頭變成了中央拿大頭，然後通過財政轉移支付的方式平衡各個省區。有人說，分稅制疏通了改革發展的經濟脈絡，這無論怎樣評價都不過分。

　　與分稅制齊頭並進的，還有新稅制。這年開始實行新的
《個人所得稅法》，起徵點確定為 800 元。搞企業經營的，則開
始使用增值稅發票了。

　　稅制改革增加了中央財政收入的底氣，國家更有能力來解
決貧困人口的溫飽問題了。後來非常有名的「國家八七扶貧攻
堅計劃」，就是從 1994 年開始的。當時，全國沒有解決溫飽的
貧困人口有 8000 萬，大多分佈在革命老區、少數民族聚集區
和邊遠地區的農村。中央決定力爭用 7 年的時間，基本上解決
8000 萬人的貧困問題，當時的脫貧標準，是貧困戶年人均純收
入按 1990 年不變價格計算，達到 500 元以上。

　　國營企業改革出現質的變化。國營企業改稱為國有企業。
建立「產權清晰，權責明確，政企分開，管理科學」的現代企
業制度，成為國有企業走向市場的關鍵。全國確定 100 家試點
企業按《公司法》進行制度創新，母公司、子公司這樣一些概
念開始為人們熟知。

　　齊頭並進的中國，還發生一件可以載入史冊的事情。4 月，
中國科學院副院長胡啟恆專程赴美拜訪主管互聯網的美國自然
科學基金會，代表中方重申接入國際互聯網的要求。4 月 20
日，由中國科學院計算機網絡信息中心開發設計的、國家計委
利用世界銀行貸款建設的重點學科項目 NCFC 工程的 64K 國際
專線開通。中國實現與國際互聯網的第一條 TCP/IP 全功能鏈
接，成為國際上第 77 個正式擁有全功能 Internet 的國家、第 77

個互聯網「成員國」。1994 年，由此被稱為中國互聯網元年。今天看來，64K 的專線速度可以說是「龜速」，即便是普通家用寬帶速度也有 200Mb，是當時接入時的 3000 多倍，下載同樣大小的文件，1994 年時需要 50 分鐘，今天則只需「叮」的一聲就完成了。即便如此，從接入互聯網的第一天開始，中國就一刻不停地追趕着世界速度，互聯網也以更加波瀾壯闊的方式改變着中國。

中國的城市數量由 1979 年的 193 個發展到 600 多個。第三產業的興起，市場物價逐漸回落，各種「超市」的出現，使城市的生活越來越方便。勞動合同制的實行，使年輕人更加勇敢地告別鐵飯碗，可以憑興趣和特長選擇職業。

也有一些人的日子不太好過。這年，一批劣質鞋在杭州武林廣場被付之一炬，杭州的商店在店門口貼出大幅告示「本店不售溫州鞋」，連溫州的其他產品也遭了殃。溫州的假貨甚至坑到了浙江省副省長身上。他在溫州市面上花 5 元錢買了條據說是真牛皮的皮帶，結果只打了個噴嚏，皮帶就繃斷了。在走向市場經濟的過程中，如何建立有效的誠信機制和自我約束的規範，一下子擺在了人們的面前。

有人從假冒偽劣的商品中捕捉到商機，專門購買有不良嫌疑的商品，然後經鑒定確認為假冒偽劣後，便找商家索賠。最有名的是一個叫王海的山東人，有人稱之為「惡意購買」，有人稱之為「打假英雄」。隨着打假呼聲的高漲，逼迫廠家在市場競爭中提高產品質量，已經是大勢所趨。

　　一個叫王軍霞的女子長跑運動員，獲得世界田徑賽最高獎項歐文斯杯。去年她以 29 分 31 秒 78 打破 7 年前由挪威選手創造的萬米跑世界紀錄，被人們稱為「東方神鹿」。

　　1994 年的中國，齊頭並進的改革和發展步伐，真有些像「東方神鹿」。

1995 年
家園故事

　　中國人唱着《縴夫的愛》《同桌的你》《中華民謠》這些流行歌曲，走進了 1995 年。這年的精神家園，故事很多。

　　對老百姓來説，最快樂的事情，要算是從五一節開始實行的雙休日制度了。每周只工作五天的人們，從此有更多的業餘時間去做自己喜歡做的事情，比如看看電影。正好這年第一次以分賬形式引進了十部國外大片，《真實的謊言》《生死時速》《獅子王》《阿甘正傳》《廊橋遺夢》，吸引着人們頻頻走進電影院，享受精神文化的「大餐」。

　　沉澱着紅色記憶的文物藝術，氣勢恢宏地進入了市場。中國嘉德拍賣行以 550 萬元的價格，拍賣出年齡大一點的人無不知曉的油畫《毛主席去安源》。更奇特的是，一對 1949 年開國大典時使用的、在天安門城樓掛了 45 年的宮燈，俗稱大紅燈

籠，拍出 1380 萬元的天價。

這年如果你從北京朝陽門大街經過，會發現街道兩旁多了一道風景。豎立的玻璃展牆上，有不少當今時代的英雄模範照片。在建立社會主義市場經濟體制條件下，如何推進黨的建設「新的偉大工程」，如何構建人們的精神家園，如何塑造人們的心靈世界，成為亟須解決的一個課題。

把人們的精神家園裝點得格外醒目的，是兩次赴西藏工作的山東人孔繁森。在大風雪中，他把毛衣脫給藏族老阿媽穿；每次下鄉都攜帶着小藥箱，給醫療條件差的牧民們看病；他收養了 3 個在地震中失去親人的藏族孤兒；在工作途中遇車禍犧牲時，公文包裹裝的是他擔任書記的阿里地區的發展計劃。此外，還有犧牲在抗洪救災一線的錦州市委書記張鳴岐，以及北京普通的售票員李素麗、上海普通的水暖工徐虎、被稱為「抓鬥大王」的上海港務局專家包起帆，他們都在 1995 年走進人們的眼簾。

國運興，帶來科教興；科教興，促進國運興。建構中國人的家園，關鍵靠科技教育。5 月召開的全國科學技術大會，正式決定實施科教興國戰略。參加科技大會兩個月後，剛剛當選中國工程院院士的袁隆平宣佈：兩系法雜交水稻研究成功。這是他研製出三系法雜交水稻技術後的又一次重大科技創新。不久，聯合國糧農組織把「糧食安全保障」榮譽獎給了這位農業科學家。

　　國家這年啟動「211 工程」，目標是面向 21 世紀，建設 100 所左右的重點大學。1998 年 5 月，又從這 100 餘所高校中，選出 30 多所，朝着建設具有世界先進水平的一流大學努力，俗稱「985 工程」。從此，填寫高考志願的時候，許多學生和家長的目光，都會在屬於 211 或 985 的高校名稱上繞來繞去，把它們視為自己最嚮往的學習家園。

　　人們還從電視直播裏真切看到了西藏傳承下來的宗教軌制「金瓶掣籤」。在高僧齊聚一堂的大昭寺內，中國佛教協會西藏分會會長鄭重地從裝着三根籤牌的金瓶內，掣出一根用藏、漢兩種文字書寫的籤牌，經國務院代表和特派專員等驗視確認後，當場宣佈中籤者為十世班禪轉世靈童。在十天後舉行的坐牀儀式上，中央政府代表向十一世班禪授贈用漢藏兩種文字鑄刻的金印和金冊。西藏班禪轉世系統新一代精神領袖由此確認。

　　根據中美雙方有關機構簽署的協議，這年在北京、上海提供國際互聯網接入業務，Internet 隨即成為推動中國改革開放和現代化進程至關重要的工具與平台。北京中關村電子一條街立起一個巨大廣告牌：「中國人離信息高速公路還有多遠——向北 1500 米。」它被很多路人當作路標，實際上通向的是一個叫瀛海威的小公司，這是中國第一個互聯網接入服務的公司。率先擁抱互聯網的，是那些年輕人，他們試圖在虛擬的世界建構另一種「家園」。

　　一些人想在這個「家園」裏大展宏圖。留美博士楊致遠創

辦了雅虎，中國第一個互聯網瀏覽導引雅虎搜索引擎誕生。一個叫馬化騰的人投資 5 萬元，購置了 4 條電話線、8 台電腦，創建了惠多網深圳站，他後來的公司名稱叫騰訊。杭州電子工業學院英語老師馬雲坐不住了，這年辭職創辦了中國第一家發佈互聯網商業信息的「中國黃頁」網站，他後來的公司叫阿里巴巴。在互聯網「家園」裏，先行者開始放飛自己的創業夢想。

1996 年
軟着陸及其風景

　　「軟着陸」是這年新聞媒體上頻頻出現的關鍵詞。意思是，經過幾年的宏觀調控，中國經濟呈現出高增長、低通脹的良性發展勢頭。從 1992 年到 1996 年，國民生產總值平均每年增長了 12.1%，成為歷次「五年計劃」中速度最快的五年。通貨膨脹率也從幾年前的 21.7% 降到 6.1%，由此實現了從高投資、高通脹到高增長、低通脹的軟着陸。這次對經濟過熱的調控，中國終於沒有陷入過去屢屢遭遇的一放就亂、一統就死的怪圈。

　　經濟軟着陸的中國，風景不錯。這年，糧食產量突破 1 萬 1 千億斤，鋼鐵產量突破 1 億噸，居世界第一。年齡大一點的人肯定是感慨萬千，中國人曾經在吃飯這件事上耗費過多少心血，更有過為了生產 1 千萬噸鋼而全民動員大辦鋼鐵的年代。這年舉辦的「863 計劃」十年科技成果展覽，讓人們耳目一新，

科學技術是第一生產力，已經成為全國上下的普遍共識。

經濟軟着陸的中國，着力打造新的風景。關於改革發展，明確提出兩個轉變，即經濟體制從傳統的計劃經濟體制向社會主義市場經濟體制轉變，經濟增長方式從粗放型向集約型轉變。實現這兩個轉變，不會是一朝一夕的事。

眼前有更迫切的新風景需要去塑造。這年召開的第四次全國環境保護會議，強調貫徹實施人口、資源和環境的可持續發展戰略，各級政府投巨資實施淮河、太湖流域的治污工程，鐵道部開始在全國鐵路沿線清除白色垃圾的污染。

這年的社會風景也值得一看。

多數人的生活消費由溫飽型向小康型過渡。你如果住在上海、廣州，家裏的固定電話號碼突然升到了 8 位數，掛在腰間的「BP 機」用得越來越少，手拿摩托羅拉的手機成為時髦。越來越多的人開始有了旅遊消費的需求。旅行結婚成了年輕人的時尚。高速公路在一些大城市間多起來了。外出旅行乘坐飛機已經不是難事。愛美的姑娘把服裝化妝品市場抬得生意紅火。孩子們也成了商家瞄準的消費族，學鋼琴、學外語、吃漢堡，讓家長們忙得團團轉。獨生子女的教育開始引起人們的高度重視。一部叫《尋找雷鋒的日子》，在全國上下引起了不小的震動，似乎也提醒着人們要樹立好的社會風尚。

讓人又愛又恨的足球運動，也走向了市場。職業聯賽的推行，為足球比賽帶來空前火爆。企業家們大把大把地將錢扔到

綠茵場上，球員的腰包也迅速鼓了起來，不同俱樂部的球迷陣線分明，他們哭，他們笑，毫無保留地把感情拋灑在電視鏡頭面前。

這年開通運營的北京到香港九龍俗稱「大京九」的鐵路幹線，跨越 9 個省市的 98 個市縣，全長 2235 公里。京九鐵路設計得有些奇怪，在許多地段，人們看到的風景是不走平地爬大山，不走直線繞大彎，專門途經冀魯豫邊界以及大別山、井岡山這些革命老區。這條縱貫南北的交通大動脈，使中部貧困地區有了與外部發達地區連接的大通道，被人們稱為「致富路」。

一部叫《被告山杠爺》的電影，受到關注。村支部書記山杠爺，行事大公無私卻觸犯法律，最終成了被告，由此警示人們，小到治理一個村莊，大到治理一個國家，光憑人格魅力和權力不行，還要依法辦事。其實，去年一部叫《秋菊打官司》的電影，也已講到，一個黃土高原上的普通農村婦女，為了替被村長踢傷的丈夫討個說法，一趟又一趟地去打官司。法律意識在公民中的普及和覺醒，是近 20 年改革開放的一個重大收穫。老百姓明白了一個道理，市場經濟，說到底就是法制經濟。

正是在 1996 年，中央提出一個重要的治國方略，叫依法治國。建立現代化國家，必須構築好規範的法治風景。

1997年

跨 越

　　無論從哪個角度講，跨越，都是 1997 年比較恰當的關鍵詞。

　　元旦那天，中央電視台開播一部叫《鄧小平》的文獻紀錄片。許多人了解鄧小平跨越革命、建設和改革的生平經歷，是從這部片子開始的。想不到 50 天後，這位中國改革開放和現代化建設的總設計師逝世了。路透社在評論中說：「他真正改變了中國。」

　　高舉鄧小平理論偉大旗幟，把建設有中國特色社會主義事業全面推向 21 世紀，成為這年召開的中共十五大的主題。大會還確立了社會主義初級階段的基本經濟制度，提出要堅持和完善社會主義公有制為主體、多種所有制經濟共同發展，公有制實現形式可以而且應當多樣化，非公有制經濟是中國社會主義市場經濟的重要組成部分，堅持按勞分配為主、多種分配方式

並存的制度。這是中國共產黨又一次跨越式的理論創新。

2月，中國海軍的一支艦艇編隊，開始跨越太平洋，訪問美國等四個美洲國家。從近海走向大洋，人民海軍在質量建軍的精兵之路上，開始了歷史性的跨越。

實現跨越的還有一座城市。3月，原屬四川省的重慶市成為中國第四個直轄市，中國大陸由此擁有31個中央直轄的省、區、市。

如果說，創造「大包乾」等農村生產責任制，是中國農民在經濟制度上的一次跨越，那麼，吉林省梨樹縣農村村委會實行直接選舉，則是他們在政治生活上的一次跨越。面對媒體和社會的關注，梨樹縣平安村的村民們沒有想到，他們創造的「海選」經驗會在全國推廣，並成為中國農村村民民主自治制度的代名詞。美國《基督教科學箴言報》這年3月26日發表的一篇題為《中國的村級選舉暗示了民主》的文章稱，「在這些村子裏，參加競選的候選人免費競選」，「這種處於雛形期而且非常淳樸的選舉」與「那種需要金錢資助、錯綜複雜的政治鬥爭相比，有着天壤之別」。

5月，當跨越太平洋的海軍艦艇編隊歸來時，中國人民解放軍駐港部隊首批先遣人員從深圳跨過羅湖口岸。7月1日，香港跨越一個多世紀的時空，回到了祖國懷抱，鄧小平提出的「一國兩制」構想變成了現實。在當晚舉辦的慶典主會場上，音樂家譚盾用曾侯乙編鐘複製件奏響了《天·地·人》，讓20年前考

古發現的 3000 年前的樂器，跨越時空，奏響當代中國的史詩交
響曲。

就在中國恢復對香港行使主權的第二天，泰國貨幣突然大
幅貶值，國際資本投機家眨眼之間從泰國捲走 40 億美元，該國
金融迅速崩潰。資本炒家們順勢向周邊國家發起攻擊，金融危
機颶風般橫掃東南亞各國。貨幣貶值、工廠倒閉、銀行破產、
物價上漲，連韓國、日本和中國的台灣，也受到嚴重影響。整
個世界都在關注中國能不能堅守防線，是否通過人民幣的貶值
以求自保。中國明確承諾，人民幣不貶值。

中華民族的兩條母親河也出現了跨越。長江三峽大壩這項
跨越兩個世紀的巨型工程，實現大江截流，滔滔江水馴服地沿
着導流明渠向東奔去。在治理和利用黃河的歷史上帶有里程碑
意義的黃河小浪底工程，也順利實現截流。被稱作「亞洲第一
飛人」的台灣特技演員柯受良，駕車從壺口瀑布上方成功飛越
黃河，也成了這年的大新聞。

一個叫丁磊的人這年創辦第一家中文全球搜索網站「網
易」，留學美國的張朝陽回國推出「搜狐」，中國當時最大的域
名註冊和提供網站平台服務的「萬網」也出現了，新浪的前身
四通利方開始起步。一時間，出現了門戶網站、搜索引擎、風
險投資等全新商業概念。當中國第一代網民們在一個無限開放
的信息世界中暢遊的時候，他們感受到的，是一種認知世界的
空前跨越。

1998年
掌握命運

　　上年發生的亞洲金融風暴嚴重影響中國。一向勢頭不錯的外貿出口，增幅從上年的 20% 猛跌至 0.5%，國內商品庫存猛增，消費需求嚴重不足。企業家們忙着大打價格戰，大商場也在尋找一切理由打折促銷。渡過難關的辦法也很簡單：貶值貨幣，刺激出口。但中國沒有「以鄰為壑」，由此贏得「負責任大國」的讚譽。中國的選擇是，為掌握自己的命運，下決心把擴大內需、開拓國內市場作為經濟發展的立足點。

　　關鍵還是要通過改革來解決發展中的難題。這年的改革勢頭，似乎來得更猛烈一些，波及許許多多人的命運。

　　在機關，國務院實行大規模的機構改革，組成部門除辦公廳外，由原來的 40 個減為 29 個，機關幹部編制總數減少一半。國家計劃委員會變成了國家發展計劃委員會，人員從鼎盛

時期的 2000 多人減少到 500 多人，原來按行業分工設置的冶金、機械、化工、紡織、電力等部門，都撤銷了，取而代之的是基礎產業司。這輪機構改革，全國各級黨群機構精簡行政編制 115 萬人。被減下來的幹部職工面臨人生的重大選擇，何去何從，需要自己掌握自己命運的勇氣，才能決斷。

在城市，人們告別了實行近 50 年的住房分配制度，開始向住房分配貨幣化過渡。通過向銀行貸款來實現擁有或改善住房的需求，將越來越成為普通的事情。靠單位分房一事，以後的人們只能在影視作品中見到了。

在農村，土地承包 20 年的期限將至。土地關係是否要調整，對現在承包的土地還要不要繼續增加投入，成了當年農民的心病。中央政府決定，土地承包制度必須長期堅持。這就給把土地和自己的命運緊緊連在一起的十億農民，吃了顆定心丸。

在軍隊，中央軍委下令，軍隊、武警不再搞生產經營活動，完全改吃「皇糧」。這樣做，才能擺脫羈絆和干擾，軍隊的革命化、正規化、現代化建設，才能得到真正的落實。

這些改革，是利益調整，也是命運挑戰。正像人們已經體會到的那樣，市場經濟是個萬花筒，它帶來了市場的繁榮，也帶來了價格的波動；它帶來了擇業的自由，也帶來了失業的風險；它帶來了收入的普遍增加，也帶來了收入差距的擴大。當然，在市場的海洋游泳，人們也實現了觀念更新。

這年最能體現掌握自己命運的大事，是國有企業的改革。

上一年，中央決定要用三年左右的時間，使大多數國有大中型虧損企業擺脫困境，力爭在大多數國有大中型企業建立現代企業制度。這一決策大大加快了國有企業資產重組、技術改造和產業結構調整的步伐。

　　一個新的詞彙在媒體上頻繁出現——下崗。有100多年歷史的上海申新紡織九廠，作出壓錠限產的痛苦選擇，率先邁開這艱難一步。在報廢回爐的紡織設備中，有的甚至是六七十年前製造的。一錘砸下去，廠裏的工人心裏都清楚，砸掉的將是他們的飯碗；砸出來的將是兩個令人不安的漢字：下崗！申新九廠有3000多職工離開了工作崗位。在全國，下崗職工這年累計達1000萬人之多。

　　為了國企涅槃，幾乎整整一代國企職工付出了代價。下崗之初承受的經濟和社會地位的落差，是顯而易見的。但是，「心若在，夢就在，天地之間還有真愛。看成敗，人生豪邁，只不過是從頭再來」。劉歡這年的歌曲《從頭再來》，唱出了無數下崗工人的心聲。越來越多的下崗職工，通過政府開設的轉崗培訓和再就業通道，轉變就業觀念，重新鼓起勇氣，去掌握自己的命運。

　　在下崗潮奔來時，洪水潮也來湊熱鬧了。長江流域以及松花江、嫩江流域夏天發生特大洪水。30多萬軍人投入抗洪第一線，這是和平時期中國軍隊規模最大的一次集結。一隊隊穿着橘紅色救生衣、扛着沙袋或駕駛衝鋒舟衝入洪水的軍人形象，

直觀地詮釋了「人民子弟兵」的內涵。封堵九江決口，保衛荊江大堤，會戰武漢三鎮，保衛大慶油田和東北重鎮哈爾濱，軍民們為保衛家園的奮戰身影，被媒體忠實記錄下來，不知感動了多少人。

　　這場突如其來的特大洪水，再一次考驗了決心掌握自己命運的中國人。洪水過後，凸顯出來的是豪氣沖天的四個大字──「萬眾一心」。

1999 年

國家的味道

　　新中國滿 50 歲了。美國時代華納集團 9 月間在上海浦東新區舉辦《財富》全球論壇年會，主題是「中國：未來的 50 年」。這時，《財富》雜誌的 500 強排行榜已成為世界上很有影響力的企業排名，它主辦的全球論壇，被視為在「腦力激蕩」中激發新思維的良機。新加坡內閣資政李光耀在這次論壇上說：50 年前的中國經歷了歷史上最為混亂的時期之一，經濟慘遭戰爭蹂躪。今天的中國已是世界上發展最快的國家之一，這在 50 年前是根本無法想象的，世界上沒有人能夠預見到這樣的滄桑巨變。

　　50 年的滄桑巨變，確實值得回顧。第 50 個年頭的國家味道，更值得體會。

　　1999 年 9 月 9 日，在整個 20 世紀也找不出比這個日子更合適結婚了。本着天長地久的美好意願，許許多多談婚論嫁的

男女選擇在這一天登記結婚。

國家的味道越來越年輕，越來越新穎，越來越現代。手機已經廣泛普及，一種叫 QQ 的即時通信軟件在 2 月問世，三年後用戶便突破一億大關。擁有 QQ 號，成為青年人進行網絡社交的時髦「味道」。這種時髦的味道還瀰漫在大街小巷，與北京人相伴 11 年之久的黃色微型麵包車，人稱「面的」的出租車，漸漸退出了市場，「夏利」「富康」等小轎車取而代之，成為各出租汽車公司的首選車型。

國家的味道，充滿活力和希望，瀰漫在大學校園。大學開始擴大招生。1998 年，中國高校總共招生 108.4 萬，1999 年，國家實際招生 159.68 萬，增幅達到 47.3%。高校擴招改變了許多學子的命運。當擴招消息傳到浙江省台州市某縣級非重點中學時，正在讀高三的學生們特別興奮。在 60 人的班裏排名二三十名的劉剛，受到的影響也許是最大的。這年 9 月，他考上山東一所高校，四年後，他又考上浙江大學的研究生，後來成為浙江大學的教師。

國家的味道，開始向太空飄散。11 月，中國成功地完成了太空飛船的首次試飛，這艘飛船被命名為「神舟」。隨着「神舟」系列的快速開發和運用，在此後的歲月裏，中國人將越來越熟悉這個名字。

中國人的家國情懷，激發得格外濃郁。3 月 24 日，以美國為首的北約開始了對東歐國家南聯盟的狂轟濫炸。5 月 8 日，美

國美軍戰略轟炸機用五枚導彈從不同角度襲擊了中國駐南聯盟大使館，導致我三名新聞記者犧牲。中國人的民族感情和愛國情懷激發出來了。各地群眾憤怒地走上街頭抗議，北京、上海等城市的學生和群眾，在美國駐華外交機構附近舉行大規模示威遊行。美國政府就此事做出道歉和賠償。

與此同時，一個叫「法輪功」的邪教組織在北京煽動鬧事。政府果斷取締，讓不少老百姓回到理性的現實生活。台灣地區領導人鬧出「兩國論」，宣稱兩岸是「國家與國家，至少是特殊的國與國的關係」，再次激發中國人維護祖國統一的堅強決心。

經歷幾場鬥爭後，中華人民共和國迎來成立 50 周年的慶典。給人印象最深的是，天安門廣場舉行規模空前的大閱兵，傳達出一個國家的根本味道：自豪、信心和力量。

國家的味道，還瀰漫在包括 12 個省市區的西部地區。面對東西部地區經濟社會發展不平衡局面，西部大開發戰略浮出水面。西部地區面積 685 萬平方公里，佔全國的 71.4%，人口接近全國的 40%。這裏曾是中華民族的文明搖籃，創造過無數輝煌。但自唐朝末年後，在長達一千多年的歲月裏，由於各種原因發展落後了。如果西部地區不能與東部地區協調發展，西部的資源得不到開發，市場得不到開拓，中國經濟就不可能形成統一強大的整體。

國有企業開始新的佈局。面對高達 40% 的虧損面，從這年開始，中國石油、中國石化、上海新寶鋼集團、國防工業十大

集團、有色金屬三大集團、信息產業四大集團相繼組建，並先後實行股權多元化和規範上市。在以後的歲月裏，這些集團公司在經濟發展中發揮了頂樑柱作用。

1999 年就要結束的時候，最有國家味道的一首歌突然間家喻戶曉。歌中唱道：「你可知 Macau/ 不是我真姓/ 我離開你太久了，母親/ 但是，他們擄去的是我的肉體/ 你依然保管我內心的靈魂/ 那三百年來夢寐不忘的生母啊/ 請叫兒的乳名/ 叫我一聲澳門。」12 月，中國人唱着這首歌，恢復對最後一個被外國人租佔的領土澳門行使主權。

2000年

新世紀門檻

在新世紀門檻，人們喜歡感悟歷史和現實。

2000年1月1日零點，當新千年新世紀到來的時候，位於北京玉淵潭南側的中華世紀壇，已經聚集2萬多人。22歲的蒙古族大學生達奔那，舉着從周口店「北京人遺址」採集的中華文明火種的火炬，跑進會場。世紀壇中央平台上頓時點燃中華聖火。與此同時，天安門前升起一面剛剛搭乘「神舟」號試驗飛船邀遊太空的國旗。

兩個世紀兩個千年的交替，留下許多話題。

國家成立的「夏商周斷代工程」正式公佈專家們的研究結果：中國最早的朝代夏代，約開始於公元前2070年，距今大約5000年。此後人們常說，中華民族具有5000年文明史。

在感悟歷史的時刻，似乎註定要發生一些事情，來印證人

們對人類歷史的感悟。

6月26日，參與人類基因組計劃的美、日、法、德、英、中六國科學家宣佈，人類基因組「工作框架圖」繪製成功，由此為研究人類遺傳物質多態性提供了基礎。巧合的是，也是6月，世界上第一例成年體細胞克隆山羊「元元」在西北農林科技大學種羊場出生，它的妹妹「陽陽」緊接着出世並存活下來，一年後做了母親，生下一對「龍鳳羊」。

新世紀門檻的中國經濟，又是什麼模樣呢？國有大中型企業改革和三年脫困目標基本實現。中國名義GDP突破一萬億美元大關，位列世界第六。

在新世紀門檻，電腦從高牆深院的辦公樓進入尋常百姓家，中國網民超過2000萬人。信息高速公路讓網絡經濟普遍熱起來，還為普通中國人直接和世界溝通提供便捷的新渠道。保定市徐水縣的農民李成是遠近聞名的「葡萄大王」，他在網上設了一個擂台，如果誰能種出比他更好的葡萄，他就獎誰十萬元人民幣。一位日本人看後不服氣，專程來徐水縣找李成切磋技藝。

新世紀門檻的老百姓生活，總體上達到小康。股票成為人們重要的投資渠道，在滬深兩市開戶的投資者突破5600萬人。絕大多數解決衣食溫飽的人們，在住、行、玩上有了新的追求和新的風采。

擁有一套屬於自己的住房，對多數人來說已不再是夢想。貸款買房，成為一種普遍現象。北京建設銀行從1992年開始發

放第一筆個人住房貸款，到 2000 年 5 月底才突破 100 億元，而此後僅僅 5 個月，北京建行發放的個人貸款就突破了 200 億元。擁有一輛私家車，也不再是天方夜譚。據統計，北京當時有 170 萬輛轎車，其中 110 萬輛是私家車。

從這年起，每年可以休息春節、五一和十一 3 個 7 天長假（五一長假於 2008 年改為 3 天，增加清明、端午、中秋 3 個小長假），從此有了「旅遊黃金周」的說法。眾多媒體在報道中不約而同地使用「井噴」一詞，來形容意想不到的局面。由於準備不足，各大旅遊景點普遍爆滿，華山旅遊風景區出現了轟動一時的長達十多個小時的遊客滯留事件。2000 年的五一、十一兩個黃金周，全國居民出遊人數達 1 億人次，消費超過 400 億元人民幣。

在新世紀門檻，並不是所有的願景都能成為現實。一位農村鄉黨委書記 3 月給國務院總理寫信說：「現在農民真苦，農村真窮，農業真危險！」困擾已久的「三農」問題成為社會焦點。此前，農民除了交農業稅，還要交「三提五統」——公積金、公益金、管理費的提取，農村教育費附加、計劃生育、優撫、民兵訓練、修建鄉村道路費用的統籌，加上其他的搭車收費，導致農民負擔很重。

新政從這年出台。安徽省率先實行農村稅費改革，把農民承擔的「三提五統」改為農業稅及其附加，合理確定農民的稅賦標準。這項改革，意在從根本上治理對農民的亂收費。

2001年
擁抱大舞台

　　春天，有兩位科學家罕見地成了新聞明星。數學家吳文俊和「雜交水稻之父」袁隆平，獲「國家最高科學技術獎」，還有500萬元巨額獎勵。從這年開始，國家每年都要召開科學技術獎勵大會，除了國家最高科學技術獎，還設置有國家自然科學獎、國家技術發明獎、國家科學技術進步獎。在新世紀前行的中國，確實需要給科技人才更高尚更榮耀更體面的大舞台。

　　夏天，中國獲得一個更大舞台。7月13日晚上，在莫斯科舉行的國際奧委會第112次會議上，中國獲得將在2008年舉行的第29屆奧運會主辦權。聚集在北京中華世紀壇等候消息的人們爆發出排山倒海的歡呼。有40萬人揮舞着國旗、五環旗、T恤衫甚至礦泉水瓶、玩具熊，擁到天安門廣場歡慶。一個出租車司機也禁不住停下車來，加入狂歡人群，坐在後排的乘客急

得大喊：「師傅，這表老蹦字兒可受不了啊！」司機扭頭喊道：「不要錢了，不走了。」德國《法蘭克福匯報》評論說，如果佔世界五分之一人口的國家當不上奧運會的東道主，就談不上世界性的奧林匹克運動。

秋天，國家9月份頒佈的《車輛生產企業及產品公告》，讓已經造了多年轎車的李書福很失望。他想有一個更大舞台，曾專門從浙江到北京，脣乾舌燥地遊說幾個國家部委，要給已經生下的「兒子」吉利轎車報上正式「戶口」。結果國家「公告」裏依然沒有「吉利」。已經投入十幾個億的李書福，感到自己站在了懸崖邊上。

初冬，突然傳來好消息。11月9日增發一批汽車許可公告，吉利的「豪情」轎車赫然在列，吉利集團也因此成為中國第一家獲得轎車生產資格的民營企業。國家突然轉變態度的原因第二天就揭曉了。從遙遠的多哈傳來消息，世界貿易組織第四屆部長級會議通過了關於中國加入世界貿易組織（簡稱WTO）的決定。為這一刻，從1986年申請恢復關貿總協定締約國地位開始，中國人等了15年，談判了15年。改革開放的中國也由此跨進一個更大的開放舞台。

李書福馳騁轎車夢的舞台當然更大了。他說，我們的汽車可以賣給中國市場，也可以賣給世界各國市場。吉利控股集團後來還走出國門，收購了沃爾沃等汽車品牌。日本通產省當時在一份白皮書中首次提到，中國已成為「世界的工廠」，在彩

電、洗衣機、冰箱、空調、微波爐、摩托車等產品中,「中國製造」均已在世界市場份額中名列第一。加入世貿組織五年後,中國便成為世界第三大貿易國。世界市場上的 5000 多種商品中,近 2000 種來自中國。

美國高盛首席經濟學家吉姆·奧尼爾這年預言,巴西、俄羅斯、印度和中國這四個最大的發展中經濟體將迅速崛起,把它們國名的首個英文字母連起來恰好為「BRIC」,意為金磚。後來,這四個國家順勢而為,真的讓「金磚國家」成為越來越有影響力的舞台。

中國的外交搭建起一個又一個更大的國際舞台。

2 月,在海南省的博鼇鎮創設了「博鼇亞洲論壇」,亞洲國家從此擁有一個專門討論經濟與社會發展問題的高端論壇組織。6 月,第一個以中國城市命名的國際組織——「上海合作組織」宣告成立,成員國包括中國、俄羅斯、哈薩克斯坦、吉爾吉斯斯坦、塔吉克斯坦、烏茲別克斯坦。這是在歐亞大陸出現的新的區域性多邊合作組織,也是第一個在中國境內誕生的國際組織。10 月,亞太經合組織(APEC)第 9 次領導人非正式會議在上海舉行。承辦如此大規模、高層次的主場外交活動,也是新中國成立以來的第一次。與會成員國領導人以「新世紀、新挑戰:參與、合作、促進共同繁榮」為主題交換意見。人們在電視上看到,包括中國國家主席江澤民在內的 20 位肩負亞太地區歷史責任的領導人,穿着各種顏色的中國傳統「唐裝」合

影，覺得很新鮮。一時間，穿唐裝在社會上流行起來。

　　進入新世紀後的新挑戰，也在 2001 年的世界舞台上不期而遇了。9 月 11 日，恐怖分子駕機撞擊美國紐約的地標性建築世貿中心大樓和華盛頓西南的五角大樓，讓全世界震驚和憤慨。由此標誌着冷戰結束後的世界局勢，又一次發生變化。

2002年

連接未來

　　由「青島」號導彈驅逐艦、「太倉」號綜合補給艦組成的艦艇編隊，5月間從青島軍港起航，開始了環球航行。這是中國人民解放軍海軍歷史上第一次連接各大洲的行動。

　　從這年開始，中國實施了不少連接未來的行動。

　　從東往西看，西部大開發戰略的標誌性項目西氣東輸工程，7月全線開工。這條總投資1400億元的巨型管道，西起新疆，東達上海，綿延4000公里，橫貫10個省、區、市，連接44個城市及其工業用戶。它一頭為西部發展注入活力，一頭為東部騰飛提供能源後盾。

　　另一項連接西部更連接未來的標誌性工程青藏鐵路，也已在一年前全面開工。在此後的5年裏，西部地區新增公路通車里程9萬公里，新建鐵路鋪軌4066公里，建成幹線機場和支線

機場 22 個；3200 萬人告別了飲水難題，102 萬貧困人口實行了生態移民；完成退耕還林 1.18 億畝、荒山荒地造林 1.7 億畝。毫無疑問，西部地區將展示出新的姿容，使曾經沉寂的土地，迎回發展的生機。

從南往北看，經過半個世紀的籌劃，南水北調工程由規劃進入實施階段。它的總行程 3500 公里，是此時世界上最大的水利工程，也是中國最大的生態工程。工程建成後，對治理北方日益惡化的生態環境的作用，不可小看。

科技文化領域連接未來的舉動，頻頻出現。中國召開第一屆互聯網大會，有人說，這標誌着中國的互聯網發展，走出商業化主導的門戶網站 1.0 時期，開始進入網絡的社交屬性凸現、個人媒體層出不窮的 2.0 時期。一部叫《英雄》的電影票房收入 2.5 億，創當時有票房統計後國產片的最高紀錄。這部電影開啟了國產片模仿好萊塢講故事的模式，同時也開啟了電影商業化浪潮。還有一個叫姚明的高個子籃球運動員，進入美國休斯敦火箭隊，成為 NBA 的首位外籍球員。美國《時代周刊》評價說：「他是『上帝的禮物』，他讓全世界認識到真正的中國。」

「新階層」，一個新的社會學概念，在這年進入人們的視野，從而使連接未來的一種巨大的社會結構變化得以確認。隨着中國經濟結構發生巨大變化，有別於傳統「單位」的新經濟組織和新社會組織越來越多，「自謀職業」的民營科技企業的創業人員，受聘於外資企業的管理技術人員，個體工商戶，私營

企業主，中介組織的從業人員，自由職業者等，都屬於新的社會階層，他們都是中國特色社會主義的建設者。

連接未來的盛事，是 11 月召開的中共十六大。大會把「三個代表」重要思想作為必須長期堅持的指導思想和行動指南寫入黨章，胡錦濤當選為中共中央總書記，次年 3 月被選舉為國家主席，2004 年當選為中央軍委主席。黨的領導層順利實現交接。大會肯定了民營經濟在發展中國經濟方面所起的重要作用，提出要依靠法律保護私人財產。有一個叫蔣錫培的擁有 12 億元資產的民營企業家，是唯一一個以「民營企業主」身份填表登記、當選中共十六大代表的黨員。

2002 年國內生產總值首次突破十萬億元人民幣，開始擁有一個不錯的「家底」，一個總體上達到小康水平的「家底」。但中國沒有自滿，因為目前的小康還是低水平、不全面、發展很不平衡的小康。於是，十六大提出一個更宏大的連接未來的目標，這就是在新世紀的頭 20 年裏，使國內生產總值再翻兩番，從而全面建設一個能夠惠及十多億人民的、較高水平的小康社會。

引人注目的是，在十六大報告的結尾部分，有一個詞接連出現 5 次——「中華民族偉大復興」。這是中華民族連接未來的最大渴望。

2003年
「測試民族的體溫」

　　聽周杰倫風格怪異的歌曲《雙截棍》和《半獸人》，是這年春天青少年的時尚。春天到來得確實有些詭異，就像一首題為《2003：春天的故事》的詩歌寫的那樣：「有一雙陌生的手/推開了春天的大門/這雙邪惡的手扼住了春天的喉嚨」，「也許它的出現/是為了測試民族的體溫」。

　　一種怪異的、被稱為「非典型性肺炎」的呼吸道傳染病，在毫無預兆的情形下肆虐成災，從廣東迅速蔓延到全國 26 個省市區。高發期每天都有過百人發病。中國內地累計報告「非典」患者 5327 名，死亡 348 名。

　　「非典」病毒所造成的恐慌，一度比病毒本身更快地在人群中蔓延。大街小巷忽然湧出無數戴口罩的人，公共場所，測試體溫成為常態，一聲小小的咳嗽就可以在人海中泛起漣漪。民

間到處流傳着治療「非典」的處方，一時間板藍根告急，中藥飲片脫銷，甚至連醋也供不應求，人們身上似乎總散發着消毒液的氣味。

中華民族有自己特殊的「體溫」。為抗擊「非典」，全社會緊急動員起來了。在一線收治和搶救病人的醫生護士，有 40 多人獻出了生命。廣東省中醫院 47 歲的護士長葉欣，是第一位犧牲的人。「這裏危險，讓我來吧！」這是她生前留下的一句讓同事們刻骨銘心的話。她甚至把同事關在門外，毫無協商的可能：「我已經給這個病人探過體溫、聽過肺、吸了痰，你們就別進去了，儘量減少感染機會。」她自己被感染了，面對前來治療的醫生，卻寫下「不要靠近我，會傳染」的字條。「大醫精誠」是這些白衣天使精神寫照，他們的高尚蘊藏在平凡之中，測試着民族的「道德體溫」。

道德體溫有其標準。新浪網與國內 17 家媒體，在這年共同推出大型公眾調查「20 世紀十大文化偶像」評選活動，雷鋒以 23138 票排名第七。關於雷鋒的評語，是這樣寫的：「雷鋒精神曾經影響了一代人，他堪稱是共產主義新型人格的代表。」

夏天，「非典」終於退卻。中國經歷過各種考驗，但像「非典」這樣的考驗還是第一次。它以極端的方式，暴露出我國發展過程中社會建設方面的「短板」。如公共衛生體系存在缺陷，應對突發事件的機制尚未健全，政府應急能力有待提高等。最根本的，是給人們提出這樣一個問題：究竟需要什麼樣的發展，

怎樣發展？於是，以人為本、全面協調可持續的科學發展理念，在這年明確提了出來，意味着中國發展的「體溫」將發生變化。

與此同時，針對城鄉發展不平衡、產權制度不健全、市場秩序比較混亂、政府職能轉變還不到位等體制性弊端，改革發力，目標是完善社會主義市場經濟。11 年前開始講建立社會主義市場經濟體制，如今把「建立」改為「完善」，則意味着改革的「體溫」發生了變化。

最先體會到改革發展「體溫」發生變化的，是農村。部分農村這年試行新型合作醫療制度。最初的辦法，是農民每人每年拿 10 元，中央、市、區縣各級財政分別拿 10 元、6 元、4元，特困戶和五保戶個人繳費部分由區縣財政補助，以此作為合作醫療基金。一個農民如果花 100 塊錢看病，可以得到 40 元左右的補助。如果是住院動手術，補助會更高一些。

一個農村婦女意外當選中央電視台舉辦的「中國經濟年度人物」，同時獲得社會公益獎，似乎測試出市場秩序的變化「體溫」。重慶市雲陽縣的熊德明，長年在家餵豬，10 月 24 日那天，她和其他村民遇見考察路過的國務院總理，當即替她丈夫討要被拖欠的 2300 元工錢。六個小時後她便拿到了這筆錢。「一夜成名」讓熊德明措手不及，一撥一撥來訪的農民工，請她幫忙討工錢。看來，拖欠農民工工錢的現象，到了非整治不可的地步。

2003 年，還有兩件事情測試出中華民族的發展「體溫」。

一是世界最大的水利樞紐三峽工程下閘蓄水，初步實現蓄水、通航、發電三大目標。「高峽出平湖」的百年夢想變為現實。

一是神舟五號航天飛船把中國第一位探索太空的航天員楊利偉送上太空，在經歷環繞地球 14 圈的太空之旅後安全着陸。中國實現了載人航天夢想。人們從電視上看到楊利偉和家人通話的場景，他對妻子說：「太空的景色非常美」；對兒子說：「我看到咱們美麗的家了！」

2004年
「矛盾凸顯期」

　　20 年前，中國在南極建立了「長城」科學考察站，2004年，又在北極建成「黃河」科學考察站。長城與黃河，是中華大地的一對地理坐標，對地球南北兩極的考察，似乎是追求空間上的對立統一。從哲學上講，從對立到統一，就是化解矛盾。

　　20 年前，有一個人從當鄉郵員的老父親手裏接過馬韁繩。此後，騎一匹馬，走一條路，跋涉 26 萬公里，相當於沿地球南北兩極走了六個來回。他叫王順友，是四川省涼山彝族自治州木里藏族自治縣的「馬班郵路」投遞員。孤獨是他的生活常態。在平均海拔 3100 米的雪域高原上，他走過了 21 趟兩萬五千里長征，沒有延誤過一個班期，沒有丟失過一個郵件、一份報刊。他為大山深處的人們架起一座「綠色橋樑」，化解了山裏和外面世界的空間矛盾。2004 年，他被評為「感動中國」的年度人物。

1月，國家統計局確認，上年度中國國內生產總值（GDP）按可比價格計算，總量達到 1.4 萬多億美元，人均 GDP 突破 1000 美元。這標誌着中國經濟進入新的發展階段。這個階段既是「黃金發展期」，也是「矛盾凸顯期」。很明顯，過去那種高投入、高消耗的經濟增長模式已經難以為繼，城鄉、區域、人群的差距和矛盾凸顯出來。不斷出現一些較大規模的群體性事件，表明社會的分化和利益的衝突在加速進行。直面到來的「矛盾凸顯期」，中央提出「構建社會主義和諧社會」的歷史任務。

重慶農村婦女熊德明去年討要工錢的事情，在這年催生一場全國範圍內的「清欠風暴」。僅第一季度，各級政府便幫助農民工追回被拖欠的工資 79.1%。國務院還頒佈實施《勞動保障監察條例》，規定用人單位逾期不支付工資的，最高罰雙倍支付。與此同時，還颳起一場「審計風暴」。國家審計署審計長向全國人大常委會提交的審計工作報告，公開點名披露一些中央單位虛報、挪用預算資金的違規事例，引起社會強烈反響。促進各級政府部門改善預算資金運用的「風暴」出現了，政府問責和政務公開的改革，又突破一個關口。

為解決區域發展不平衡的矛盾，開始實施振興東北地區等老工業基地的戰略。這是繼西部大開發後區域協調發展邁出的新步伐。瀋陽市鐵西區曾是國家機電工業的綜合性裝備基地，集中了 30 萬產業工人。此前大批工人下崗，房子破爛不堪，環境污染嚴重。擁有 37 個大型企業的瀋陽北二路，被老百姓叫做

「虧損一條街」和「下崗一條街」。經過調整和改造，2004 年，老鐵西區已經有 130 多家大中型企業搬入新開發區，區政府有了更多的資金和空間進行舊城改造。

法治建設也直面「矛盾凸顯期」。全國人大這年把「國家保護合法的私有財產」「國家尊重和保障人權」寫入《憲法》。同時，第一部《行政許可法》開始實施。對公共權力的有效監督和限制，不僅是法治建設，也是中國社會治理方式的一大進步。

彷彿是要驗證法律如何實施，7 月 28 日，寧夏銀川市政府出台出租車經營權有償使用的規定，出租車司機以停運的方式表示抗議。怎麼辦？銀川市政府組成 23 個工作小組深入全市調查，於 8 月 2 日發佈公告，明確表示新規定不再執行，市長發表電視講話向市民道歉。這就開啟了政府權力與人民群眾良性互動，以化解矛盾的先例。

計算機生產經銷商聯想集團，這年收購了大名鼎鼎的美國 IBM 的全球 PC 業務。這樁標誌性事件，反映出經濟上對外開放的「矛盾轉化」，意味着民營科技型企業在開放中將逐步從被動轉為主動，更加活躍地在世界經濟舞台上展現自己的容姿。

夏天的雅典奧運會上，一個叫劉翔的中國跨欄運動員，以 12 秒 91 的成績，平了由英國名將科林·傑克遜保持的世界紀錄，為中國在奧運會上奪得第一塊男子田徑賽金牌。

在「矛盾凸顯期」前進的中國，還真有些像一場跨欄運動。

2005 年

成長的煩惱

　　1月6日零點2分，中國大陸第13億個公民在北京婦產醫院出生。由於人戶分離是普遍現象，流動人口和超生孩子難以核計，這雖然是個象徵性的統計，卻也從一個側面反映出中國人口的快速成長。

　　十年前的中國大陸曾熱播過一齣美劇，叫《成長的煩惱》。一個快速成長的大國，遭遇的煩惱、面臨的壓力不言而喻。一些尋常思維就能看得見的煩惱和壓力，實際上已經轉化成社會難點。

　　中國社會科學院這年發佈的《中國社會形勢分析與預測》，提出農村基層財政薄弱影響農村公共服務能力，貧富差距仍在擴大，城鄉差距短期內很難逆轉等六個方面的社會難點。所謂社會難點，就是成長的煩惱。

　　成長的煩惱，與改革和發展同步「成長」和「升級」。人們實現了家庭轎車夢，但同時也帶來道路擁堵；住房改革普遍緩解了 20 世紀八九十年代的住房緊張，但房價的迅速上漲又使不少家庭改善住房條件的願望落空；所謂上學難，主要難在由於教育資源不均，人們想上名校、好校而不能；醫療機構的改革造就了「以藥養醫」的逐利局面，在人們對健康比任何時候都重視的今天，讓普通老百姓比任何時候都覺得看病太貴，得個感冒，甚至都要花幾百上千的費用；高校擴招使大學在校學生於 2005 年首次超過美國大學生在校人數，高等教育實現從精英教育到大眾教育的轉變，由此也帶來就業難這一新的社會問題。

　　這時候，中國農村新的煩惱，是一家一戶的農業耕作，影響了農業科技成果的推廣，影響了農業的規模化經營、標準化管理和品牌化營銷，傳統生產方式已經不適應市場經濟發展的需要。更要命的是，隨着越來越多的農民進城務工，種「應付田」和「撂荒田」現象越來越嚴重，農民實行土地流轉的願望十分強烈。

　　成都遠郊邛崍市羊安鎮湯營村村民，自願以土地承包經營權入股，村集體以通過土地整理新增的土地入股，邛崍市國有獨資的興農投資公司投入 100 萬元，成立了「邛崍市湯營農業有限公司」。這樣一來，土地由公司集中經營，農民可以獲得入股保底收入、務工收入和分紅收入。正是在這年，中央作出建設社會主義新農村的部署。看來，湯營村走在了前面。

湖南衛視在全國範圍內發起的「超級女生」比賽，成為夏天最炎熱的記憶。很多心懷音樂夢想的年輕人，看到了除 CCTV 青年歌手大獎賽之外的更多可能。成長時代的「選秀」活動，給許多人許諾了一個繁花似錦的未來。由於專業性的權威評判體系鬆動，選擇「偶像」的標準開始多樣。

與此同時，在網絡世界，一個網名叫「木子美」的人，因為在博客中國網站上發表網絡日記一炮走紅，使「博客」成為網絡熱搜詞。9 月，新浪發佈博客（Biog）2.0 公測版，博客開始進入門戶時代。隨着新浪博客、搜狐博客、網易博客紛紛上線，中國的博客數量瞬間達到 1500 萬，由此造就一批在互聯網上寫作的草根「大 V」。

「選秀」節目造出來的「偶像」，以及網絡世界冒出來的「大 V」，彷彿給人一種印象，這是一個「人人都有機會成名 15 分鐘」的時代。毫無疑問，它們給社會心態和相應的社會治理，帶來不少煩惱。

中國的成長，也給一些外國人帶來煩惱。有一個叫薩拉·邦焦爾尼的美國記者，在 2004 年的聖誕節忽然發現，家裏 39 件聖誕禮物中，「中國製造」有 25 件。於是，她從 2005 年 1 月 1 日起，帶領全家開始嘗試一年不買中國產品的日子。誰承想，沒有中國產品的這一年是糟糕的一年，全家人都盼着早點結束。到 2006 年 1 月 1 日，薩拉一家終於結束了實驗，很高興地與「中國製造」重修舊好。

在台灣，再度執政的民進黨領導人，被稱為「麻煩製造者」。為此，中國大陸於 3 月 14 日通過了《反分裂國家法》。隨後，中共中央總書記胡錦濤與中國國民黨主席連戰的手握在了一起。國共兩黨領導人的上一次握手，發生在 60 年前抗戰勝利後的重慶。今天的握手，是為解決「麻煩製造者」製造的麻煩，給兩岸關係增添和平發展的願景。

2006年

為了和諧

　　這年中央電視台春節晚會最大亮點，是一家三口對答式演唱的《吉祥三寶》。有如天籟的純淨民歌，唱出父母對兒女的疼愛、父母兒女對家的眷戀、全家人對大自然的熱愛。歌聲帶來一種久違的欣喜和感動，似乎也是對社會和諧的一種藝術呼喚。

　　促進社會和諧，自然要求經濟和社會協調、平衡地發展。人們注意到，這年實施的《國民經濟和社會發展「十一五」規劃綱要》的標題中，曾經在中國叫了50年的「五年計劃」，變成了「五年規劃」。《綱要》中最主要的指標有22個，其中反映經濟增長的只有6個，反映人口、資源、環境的8個，反映公共服務和人民生活的8個。「城鎮基本養老保險覆蓋人數」「新型農村合作醫療覆蓋人數」，這些原本似乎與經濟無關的指標首次出現，「綠色GDP」這個概念也悄然引入這份《綱要》。

一切都在表明，一場促進社會和諧的行動，已經開始。

元旦那天，有兩件事影響了兩大人群的「民生」。

一件事，是實施《中華人民共和國公務員法》，過去稱為「幹部」的人，開始叫「公務員」了，他們的工作和生活從此納入有序的法治軌道。

另一件事，影響就更大了。它給九億農民帶來民生和諧的驚喜：在全國範圍內廢除農業稅。這是一個足以在幾千年中國歷史上刻下特殊標記的日子。從春秋時期魯宣公創設「初稅畝」開始，徵收農業稅在中國已經延續 2600 年。

聽到這個消息，安徽全椒縣邱塘村的種糧大戶歐春華，算了一筆賬。他承包了 400 多畝地，一下子便免去兩萬多元的負擔，此外，每畝地還享受十元的糧食補貼和十多元的種子補貼，購置農機具還有 20% 的資金補貼。掌握鑄鼎手藝的河北靈壽縣清廉村農民王三妮，更是感慨萬千。他親手鑄了一個「告別田賦鼎」，銘文是：「我是農民的兒子，祖上幾代耕織輩輩納稅。今朝告別了田賦，我要代表農民鑄鼎刻銘，告知後人，萬代歌頌永世不忘。」

倡建和諧文化，文化體制改革開始發力。中國木偶藝術劇院有限責任公司 9 月掛牌成立，這個過去享受事業單位待遇的藝術劇院，開始成為自負盈虧的法人主體，業務內容也從原來單一的木偶演出，發展成為擁有木偶演出和影視、動漫、圖書、網絡、食品、玩具經營的北京兒童文化創意產業園。與此

同時，在雲南古城麗江，一台展示民族風情的歌舞《麗水金沙》，吸引了無數遊客的目光，成為文化產業一個響亮品牌。在經歷「文化搭台，經濟唱戲」尷尬處境後，一些地方的文化建設，開始從「雞肋」變為「支柱」，要自己搭台、自己唱戲給老百姓聽了。

為了和諧，中央首次明確西部開發、東北振興、中部崛起、東部率先的區域協調發展總體戰略。作為西部開發重要工程的青藏鐵路，也在 7 月 1 日那天通車了。

人們曾說修建通往西藏的鐵路是不可能的。有高達 5000 米的高山要跨越，有寬達 12 公里的山谷要架橋，有數百公里的凍土層需要解決支撐鐵軌和火車的問題。再說，誰又能夠在稍動一下就要找氧氣瓶的情況下去鋪設鐵軌呢？但是，這一切，還就真的幹成了。

唐朝的文成公主從長安出發前往拉薩時 18 歲，走到拉薩時已滿 20 歲。這樣的跋涉遠去了。就像歌曲《天路》唱的那樣：「一條條巨龍翻山越嶺，為雪域高原送來安康。那是一條神奇的天路，把人間的溫暖送到邊疆。從此山不再高，路不再漫長，各族兒女歡聚一堂。」這大概是從心底飄出的和諧之聲。

一場強浮塵漫捲北方，北京一個月內連續七次遭遇沙塵襲擊，4 月份只有 9 個藍天。大自然這是怎麼了？人們開始反思。尋求人與自然和諧相處之道，不能再拖了。為加大對損害環境的違法違紀行為的懲處力度，這年頒佈實施了《環境保護違法

違紀行為處分暫行規定》。這是中國第一部關於環境保護處分方面的專門規章。

　　青藏鐵路通車那天，途經可可西里時，一位記者透過車窗發現，一群動物在離鐵路不遠處慵懶地漫步。為保護那裏的藏羚羊遷徙，建設者專門設立了33處野生動物通道。看來，只要措施得力，人與自然和諧相處的願景，是可以實現的。

2007年

民生曲

　　如果說這一年有一首主題歌，那它的名字或許可叫「民生曲」。中國人的民生關切，逐步聚焦在了學有所教、勞有所得、病有所醫、老有所養、住有所居。要實現起來，件件都不容易。不容易也得開始幹，也得把民生曲唱好。

　　對農村的中小學生家庭來說，這年最大的民生福利，是全部免除義務教育階段的學雜費，寄宿制學校的學生還有生活補貼。西部地區是從去年開始享受這項福利的。繼「種糧不交稅」後，農村又實現義務教育階段「上學不交費」的夢想。一年後，不光是農村，城市也這樣做了。

　　與此同時，中央提出本年度在全國建立農村最低生活保障制度，將符合條件的貧困人口全部納入保障範圍。從此，農民也和城裏人一樣，開始享受國家提供的最低生活保障費。當

然，那時的標準並不高。對於城市低收入家庭的住房困難，解決的辦法是，建立健全廉租住房制度，加大棚戶區和舊住宅區的改造力度。

新中國立法史上審議次數最多的《物權法》，這年獲得通過，由此確立平等保護國有、集體和私人財產的法律原則。這部法律立法時間長達 14 個春秋，草案曾進行 7 次審議，創下新中國立法史上的紀錄。兩年前已經三審的《物權法（草案）》全文公佈，廣泛徵求意見。42 天內，立法機關就收到來自各方建議 11543 條，可見人們對這部法律的參與熱情。因為它與每個人的腳下寸土、頭頂片瓦都有着切身利益關係，實屬另一種形式的民生需求。

文化享受又何嘗不是一種民生需求呢？擁有曾侯乙編鐘、越王勾踐劍、鄖縣人頭蓋骨等珍貴文物的湖北省博物館，從這年起永久免費開放。頭一天，博物館門口排起將近一公里的長隊，近一萬人參觀，被媒體稱為「爆棚」現象，還由此引發博物館到底該不該免費開放的社會熱議。一年後，全國有 1000 多座公共博物館、紀念館以及圖書館、文化館，陸續向社會免費開放。發展公益性文化事業，擴大公眾文化權益，看來是勢不可擋。

受到老百姓歡迎的公共文化民生工程，推進速度異常可觀。廣播電視村村通、社區和鄉鎮綜合文化站、農村電影放映、農家書屋建設……覆蓋全社會的公共文化服務網絡逐步構建起來。人們看電視、聽廣播、讀書看報、參加大眾文化活動

等基本文化權益，開始普及。

在人們的眼裏，中國軍人突然變得更加帥氣和威武了。他們在 8 月 1 日那天換上了嶄新的 07 式軍服。這是人民軍隊歷史上最大規模的換裝，也是最全面的一次軍服改革。軍服改革不僅提升了軍人的形象，也強化了軍隊的氣質和質量。這年，中國還第一次派出較大規模的陸空軍部隊到境外參加上海合作組織的多國聯合軍演，代號是「和平使命 -2007」。

的確，只有強化有質量的發展，才能真正唱好民生曲。這年召開的中共十七大，在發展問題上有兩個提法與過去不同。一是對經濟發展的要求從「又快又好」改為「又好又快」，一是把「轉變經濟增長方式」改為「轉變經濟發展方式」。立足「好」字當頭，避免只重數字增長的全面發展，會給唱好民生曲帶來更多底氣。

中共十七大閉幕兩天後，10 月 24 日，中國首顆探月衛星「嫦娥一號」成功發射，隨後傳回來月球地表圖片。這是繼人造地球衛星、載人航天工程之後中國航天事業發展的又一座里程碑。

如果說，可上九天攬月的「嫦娥一號」，是在追逐一段遠古開啟的夢想，那麼，一個月後，在廣東珠江口外海底沉睡 800 多年的南宋時期商船「南海一號」，浮出水面，則是打撈出一段非同尋常的歷史。它是唯一能見證古代海上絲綢之路模樣的遠洋貿易商船，船艙內保存有 6 萬至 8 萬件的文物。南宋時期人們的生活模樣，重現眼前。

2008年

「成人禮」

　　在人們的記憶中，2008年是從南方突如其來的低溫雨雪冰凍災害開始的。它肆虐的時間，正是「全民大遷徙」的春節前夕；它席捲的地域，偏偏是以往習慣溫煦冬陽的南方；它的危害程度，為50年來所未遇，波及上億人口。僅湖南境內的京珠高速公路就滯留上萬輛車，綿延數十公里。京廣線停運，18萬旅客滯留在廣州火車站。南方多地電力中斷，光明一下子成了奢侈品。人們突然發現，現代化如此脆弱，似乎一場大冰雪就能改變生活方式。不少人家，入夜只能點着蠟燭，烤火取暖，從收音機裏了解外界的情況。

　　禍不單行。一場讓歷史凝固、讓蒼生嗚咽的災難，在5月12日降臨。四川省汶川縣發生特大地震，方圓十萬平方公里區域內，相當於數百顆原子彈的能量瞬間釋放，造成69227名同

胞遇難，17923 名同胞失蹤。這是新中國成立以來波及範圍最廣、救災難度最大的一次地震。

震波撼動了中國。同時撼動中國乃至世界的，還有中國人的精神和力量。地震發生不到十小時，一場和時間賽跑的生死大營救開始轟轟烈烈上演。一隊隊解放軍、武警和公安消防官兵，一群群專業救援隊和志願者，一支支醫療隊，一車車救援物資，一家家新聞媒體，從四面八方向災區匯集。美國《華盛頓郵報》在題為「悲劇中，一種新的團結」的文章中說：「中國民眾對政府的快速反應感到由衷自豪，其協調行動能力遠遠超過了人們對一個發展中國家的預期。中國人民表現出來的團結和自信表明：中國已不需要向世界證明自己。」

不需要向世界證明，是因為中國人在災難面前已經證明了自己。經受生死考驗的災區人們，是這樣證明自己的：一個叫譚千秋的中學教師在地震發生的剎那間，張開雙臂護住了 4 個學生，當人們從坍塌的教室中把他挖出來的時候，他的雙臂還張着，手臂上傷痕累累，後腦被砸得凹了下去；一個叫高瑩的初三女生，在廢墟下輕聲唱歌給同學們聽，鼓勵大家堅持下去；當餘震再次發生的時候，人們拉住一位要再次衝進廢墟的戰士，他卻跪下來哭着說：「讓我再去救一個！我還能再救一個！」一個叫吳加芳的男子，給已經死去的妻子披上生前最喜歡的衣服，緊緊綁在自己身上，用摩托車帶着妻子回家。這一幕被拍了下來，照片的標題是「給妻子最後的尊嚴」。

　　地震後不到十天，汶川映秀鎮的一位農民便在廢墟邊上的地裏幹活了。他說：今天已經是小滿了，田裏還沒有插秧。日子還得過下去嘛。

　　小滿過後是芒種，芒種過後是夏至、小暑、大暑、立秋……立秋的第二天，2008 年 8 月 8 日，中國因為舉辦奧運會，再次成為整個世界的關注焦點。

　　1908 年，教育家張伯苓先生提出三個問題：什麼時候，中國能派運動員去參加奧運會？什麼時候，中國能拿到第一塊奧運會獎牌？什麼時候，中國能在本土舉辦一次奧運會？回答第一個問題，中國用了 24 年；回答第二個問題，中國用了 76 年；回答第三個問題，中國用了整整 100 年。

　　這屆奧運會的主題是「同一個世界，同一個夢想」。給人留下深刻印象的，不光是中國代表團位居金牌榜首位，還有開幕式上從全球徵集的 2008 張孩子的笑臉。

　　北京給這屆奧運會的定位是「綠色奧運，科技奧運，人文奧運」。北京奧運會主場館被人們形象地叫做「鳥巢」。這個使用 11 萬噸鋼材打造的搖籃狀建築，是一系列高新技術的集中展示。為實現綠色奧運，中國打造了三道生態屏障：在內蒙古沙化草原區固定流沙；在河北壩上、山西雁北等地營造防護林；在北京城郊建設縱橫交錯的綠化網。人文奧運，則集中體現於志願者們的精神風貌。有十萬中外志願者直接在奧運賽場上服務，有 40 萬北京志願者在二線提供信息諮詢、語言翻譯、應急

救助，還有 100 萬社會志願者在北京城內外協助維護秩序和治安。年齡最大的志願者是住在北京天壇西草市街 138 號的付漪泉老人，103 歲；年齡最小的是來自溫州的小姑娘唐樂琳，剛剛 4 周歲。志願者們的奉獻，培育着生動和文明的中國。

在改革開放 30 年的時候，猝然而臨的汶川地震和期盼已久的北京奧運，恰似中國兩場盛大的「成人禮」儀式，見證中國在現代化的進程中走向成熟，確實「長大了」。

伴隨着「成人禮」，中國這年還有許多強壯「發育」的故事。台灣海峽兩岸的海上直航、空中直航、直接通郵的「三通」基本實現。在北京和天津之間開通運營的中國第一條最高時速 350 公里的高速鐵路列車，使人們來往兩地只需要 30 分鐘。神舟七號飛船升空，中國的航天員首次太空漫步，並在太空中展示出五星紅旗。

伴隨着中國的「成人禮」，世界經濟出現巨變。9 月 15 日，美國第四大投資銀行雷曼兄弟公司申請破產，迅速引發世界性的金融危機。中國股市經歷「至暗時刻」，A 股從上年 10 月份的 6124 點一直跌到 1664 點，成為開市以來最為嚴重的股災。危機從金融領域擴散到實體經濟領域，各國政府紛紛推出各項措施，挽救華爾街金融家們犯下的錯誤。中國怎麼辦？看來，「成人禮」還將繼續。

危機下最為焦慮的是西方國家。11 月 14 日，在美英法三國的催促下，包括中國在內的全球 20 個國家在華盛頓召開了第

一次 G20 峰會。由於籌備過於匆忙，這次會議幾乎沒有提出什麼解救危機的具體措施，甚至有人說，G20 峰會唯一新穎的地方，是「二十國取代了七國」。的確，20 國代表着全球三分之二的人口，GDP 總值佔全球的 85%。此後每年一次的峰會，既是論壇，也是重要的政治舞台。中國在這個舞台上的作用，越來越大。

2009年

「中國模式」

　　1月6日，經過十天十夜的航行，中國海軍艦艇編隊滿載800名官兵，到達亞丁灣索馬里海域，正式展開護航行動。這是新中國海軍第一次遠赴海外執行國際護航任務。中國為世界提供公共服務產品的步伐加快了。

　　這年爆紅的電視劇《潛伏》，至今仍是中國諜戰題材劇無法超越的高峰。全劇的靈魂是信仰，結尾處男主人公受地下黨派遣去了台灣，女主人公回到解放區產下了他們的孩子。這時候，廣播裏傳來中華人民共和國成立的消息。

　　新中國成立60周年了。60年來，中國走了一條什麼樣的路，這條路把中國引到了什麼位置？美國巴頓學院教授伊恩·布魯瑪寫的《「中國模式」年》一文稱：「當美國經濟被進一步拖進房地產壞賬的泥潭時，中國將會繼續保持繁榮。由世界最著

名的建築師設計的令人振奮的新建築將使北京和上海看上去就像 21 世紀現代化的模型。更多的中國人將會出現在每年一度的世界富豪榜中。」

「中國模式」成為國際智庫的一門「顯學」。所謂「中國模式」，事實上就是中國的發展道路，就是中國特色社會主義道路。

這年發生的事，彷彿都在為「中國模式」作些註釋。

中國成為名副其實的第一製造業大國。有的工業領域的製造水平和西方發達國家當然還有差距，但卻是全世界唯一擁有聯合國產業分類全部工業門類的國家。

在中國興起的不只是工業製造，還有許多新型業態。歷經十年籌備的創業板市場，在深圳正式啟動。從此，成立時間較短、規模不算大、業績未必突出，卻有成長空間的科技文化類企業，擁有了融資渠道，也擁有了更大的發展空間。到年底，創業板上市公司達到 36 家。

國家最具活力的年輕一代，已經是伴隨着改革開放成長起來的 80 後了。他們在電視「輻射」下長大，從 18 英吋看到 42 英吋，從顯像管看到液晶顯示，從兩個台看到 60 個台。他們小時候所有的獎勵與懲罰都直接與看電視掛鈎。想看電視嗎？先把作業做完！先去練琴！必須把飯吃完！這代「電視兒童」在這 2009 年最小的也已經 20 歲了。

「電視兒童」現在變成了「網絡青年」。8 月 28 日，新浪網提供的微型博客網站正式對外公測，想不到僅 66 天，用戶就突

破 100 萬，一年後達到 5000 萬。與動輒千字長篇的博客文章相比，起初只有 140 個字限制的微博，降低了用戶使用的門檻，加速了信息流動。80 後作家韓寒此後在微博上發出一個「喂」字，便引來 5500 次轉發和 11000 次評論。業界知道，超過博客的產品出現了；社會也知道，一個自媒體時代到來了。

互聯網領域還創造了一個狂歡購物節。11 月 11 日，淘寶商城（天貓）舉辦了一次網絡促銷活動，營業額遠超預期。從此，「雙十一」成為整個電子商務的年度盛事，成為網民購物的狂歡節日。根據阿里巴巴 2017 年「雙十一」統計，一天之內的成交額達到 1682 億元，全球有 225 個國家和地區加入了這個購物節。

說起購物，中國人在外國旅遊或出差時的消費盛況，開始引起媒體關注。一方面是手裏確實有錢了，對生活品質的要求提高了，消費內容和渠道拓展了；另一方面是在名牌商店酣暢淋漓、豪情萬丈地刷卡花錢，讓人目瞪口呆，在公共場所聲音洪亮，無所顧忌，或蹲或站，彷彿在自家後院，也讓人覺得有些怪異。

這年對「中國模式」最生動的註腳，發生在民生領域。新一輪醫改正式啟動，未來三年將投入 8500 億元，重點用於支持基本醫療保障制度建設，為的是人人享有基本醫療衛生服務，努力解決「看病難、看病貴」問題。

2010年

讓世界博覽

　　中國這年的年度盛事，是5月到10月在上海舉辦的世界博覽會。這是第一次在發展中國家舉辦的註冊類世界博覽會，主題是「城市讓生活更美好」。

　　1851年在英國倫敦舉辦的第一屆世博會上，中國的絲綢、漆器、扇子、茶葉擠在許多體現第一次工業革命成就的產品之間，雖然精緻卻很落寞。此後150多年間，人類幾乎所有精彩的發明，如收割機、電影、彩色膠卷、汽車裝配線、電視機、計算機、機器人等，都要搶先在世博會露面。世博會由此被人們譽為「經濟、科技、文化的奧林匹克」。

　　上海世博會有246個國家和國際組織參展，參觀人數達7308萬人次，成為歷史上最大規模的一屆世界博覽會。在獨具一格的中國館內，人頭攢動，擁擠不堪。中國盡情地把自己的

精彩呈現給世界，讓人博覽。

讓世界博覽的事情，不光發生在上海。

中國製造電冰箱的企業海爾集團，這年推出全球首台風冷無霜冰箱，在行業跟進之中很快成為市場主流。此前，海爾曾發明第一台超節能無氟冰箱，開啟無氟冰箱時代；此後，海爾又發明乾濕分儲和世界首台互聯網冰箱，引得其他品牌紛紛模仿。海爾集團頻頻創新，撬動着冰箱產業百年變革創新的歷史。如今，海爾冰箱已經在全球擁有近 30 座工廠，多年成為全球冰箱銷售市場的冠軍。

中國進入高鐵時代。這年全線貫通的京滬高鐵，是世界上一次建成線路里程最長、標準最高的高鐵；國產「和諧號」新一代高速動車組最高運行時速可達 486.1 公里，創世界鐵路運營試驗最高速度。中國已成為世界上高鐵發展最快、運營里程最長、運營時速最高、在建規模最大、擁有系統技術最全的國家。

第 36 屆全球超級計算機 500 強排行榜發佈，由國防科學技術大學研製的「天河一號」超級計算機二期系統，以實測運算速度每秒 2566 萬億次位居榜首，成為世界上運算速度最快的超級計算機。

最有象徵意義的事情，是中國的名義 GDP 總量在 2010 年超過日本，成為世界第二大經濟體。世界經濟格局發生深刻變化，以中國等新興經濟體為代表的發展中國家地位持續上升，對世界經濟增長的貢獻越來越突出。當然，中國清醒地意識

到，按人均 GDP 衡量，中國仍處於發展中國家行列。

繼推出《關於鼓勵支持和引導個體私營等非公有制經濟發展的若干意見》（簡稱「非公經濟三十六條」）之後，這年又制定了《關於鼓勵和引導民間投資健康發展的若干意見》（簡稱「民間投資三十六條」）。兩個「三十六條」，體現了對非公有制經濟發展的特別關注，也讓人們有機會回望民營企業家們的成長過程。

他們是在市場經濟中勇於創新、直面資源稀缺、敢於承擔經濟風險的一群人。他們在 1980 年代獲得「第一桶金」的時候，可能只有幾萬元，幾十萬元。1990 年代或者有了幾百萬、幾千萬的資產。如今擁有幾個億、幾十個億甚至幾百個億的，已不在少數。財富積累的背後，是政策的鼓勵，企業家精神的培育，和各個維度市場秩序的支撐。

人們發現，富起來的階層中，越來越多的人開始投資移民，把家安在了國外，他們有的把企業交給別人在國內打理，有的是兩頭跑，身上有點麻煩的，索性就不回來了。這樣一來，在一些國家，形成了一些中國富人紮堆居住的區域。

還有一件大事，其精彩仍可呈現給世界博覽。全國人大這年通過修改後的選舉法，決定實行城鄉按相同人口比例選舉人大代表。這一規定被形象地稱為「同票同權」。「同票同權」有利於更好地保證城鄉人民享有平等的選舉權，是中國民主政治建設了不起的進步。

2011年

繫好「安全帶」

聯合國人口基金的報告顯示，世界人口總數在 10 月 31 日達到 70 億。與此同時，中國公佈第六次人口普查主要數據，全國總人口為 1370536875 人，其中大陸人口達 1339724852 人。

這樣大的世界，這樣大的國家，和 2011 年相遇的時候，難免要出些事情。發端於 2008 年的世界金融危機在這年持續蔓延。始於希臘的歐洲主權債務危機發酵，導致歐元區經濟形勢惡化，愛爾蘭、葡萄牙、希臘、意大利、西班牙政府相繼更迭。在美國的紐約，還出現了「佔領華爾街」示威活動。這似乎也在提醒中國，失去經濟發展的「安全帶」，註定會引出許多社會問題。

奇怪的是，1 月間一名突尼斯年輕男子的自焚，點燃了被西方稱為「阿拉伯之春」的亂象之火。這場大火波及利比亞的

時候，中國政府分批組織中國在利比亞人員（含港澳台同胞）35860人有序撤離。這場新中國成立以來最大規模的有組織撤離海外中國公民的行動，預示着政府開始擁有給在海外發展的人們繫「安全帶」的能力了。

中國當然也有不如意的地方。一位年輕女子在新浪微博上，以「中國紅十字會商業總經理」的虛假身份炫富，引來全社會圍觀和猜疑，極大地損害了中國紅十字會的聲譽。7月23日，兩列高速行駛的動車在浙江省溫州市境內發生嚴重追尾事故，造成40人遇難，172人受傷，引起輿論譁然。兩個事件，都出現了公關危機，似乎在提醒人們，在經濟騰飛和社會進步的時候，別忘了繫好人心和社會治理的「安全帶」。

「安全帶」在哪裏？

八年前開始試點的農村新型合作醫療制度，在這年已經普及，97%的農民參加了新農合，實際人均籌資水平由最初的30元增加到300元左右，其中各級政府財政補助達到240元。中國職工醫保、居民醫保、新農合參保人數超過13億，覆蓋面達95%。這標誌着2009年至2011年以基層為重點的新醫改工作，實現了階段性目標，惠及全民的醫療保障網基本建成，被國際社會譽為「世界奇跡」。

最重要的「安全帶」是制度。中國這年宣佈，中國特色社會主義法律體系基本形成，已制定現行憲法和有效法律240部、行政法規706部、地方性法規8600多部，大體解決了有法

可依的問題。各部門按規矩辦事，90多家中央單位，這年首次依法公佈2010年「三公」經費支出決算和2011年預算情況，為的是接受社會監督。

文化建設何嘗不是一種「安全帶」呢？中國這年明確提出堅持中國特色社會主義文化發展道路，培養文化自覺和文化自信，努力建設文化強國。嘗試把傳統和現代融為一體，把原生態鄉土歌舞和民族舞蹈經典進行整合的《雲南映象》，吸引了遊客驚歎的目光。文化產業在北京、上海、浙江、廣東等省市的增加值，最高達到生產總值的8%，成為名副其實的支柱產業。

繫好「安全帶」，不是要捆住社會的手腳，為的是更有效地保障和激發社會創新活力。這年被稱為中國的「雲計算元年」。國家下達對五個試點城市雲計算應用示範工程的扶持資金，總規模達到15億元。包括阿里巴巴、百度、騰訊等在內的十多家企業獲得扶持資金。隨着雲計算登陸智能終端，不少雲計算案例在中國落地生根。

創新的步伐越來越快。「微博」剛出現兩年，騰訊公司就推出一種為智能終端提供即時通信服務的免費應用程序，起名為「微信」，一年後用戶便突破一億大關。隨着微信支付的廣泛運用，它在相當程度上改變了社會交易和生活方式。如今的人們相聚，相互不熟悉的常常會來上一句，「咱們掃一掃微信吧」。這一掃，便掃出個又新又大的交往空間。

神舟八號這年與此前發射的天宮一號成功交會對接。中國成為繼美、俄之後世界上第三個完全獨立掌握太空交會對接技術的國家。這樣的「對接」，似乎也是「安全帶」和「創新活力」之間的對接。

2012 年

「正能量」

　　隨着英國心理學家理查德‧懷斯曼寫的《正能量》中譯本出版，「正能量」一詞忽如一夜春風來，迅速流行，被評為 2012 年十大網絡流行語之首。

　　這本書將人體比作一個能量場，通過激發內在潛能，可以使人表現出一個新的自我，更加自信和充滿活力。從此，人們習慣將所有積極的、健康的、催人奮進的、給人力量的、充滿希望的人和事，說成是正能量。

　　有正能量就有負能量。

　　這年最典型的負能量，是謠傳 12 月 21 日將成為瑪雅人預言的所謂「世界末日」。有人到處說將出現行星撞地球、地磁倒轉，藉以斂財；有人抱着調侃心態，消費「世界末日」的滑稽奇談，催生出謠言、迷信與流行文化摻雜傳播的獨特現象。當

12 月 22 日的太陽再次照亮地球，困擾散去，人們自然走出對瑪雅曆法的錯讀誤區，迎來正能量的回歸。

摻雜着正能量和負能量的流行語，這年也「盛產」不少。人們突然喜歡用「高富帥」和「白富美」來比喻擇偶方面具有優勢的男女青年，既有出於對理想生活的嚮往，也有對平凡現實的自我解嘲。有網友還提出「中國式過馬路」，意思是「湊夠一撥人就可以走了，和紅綠燈無關」，由此引出許多以戲謔口吻議論中國社會問題的流行語，比如「中國式接送孩子」「中國式相親」「中國式插隊」，於戲謔中表達自嘲與質疑。

老百姓對衣食住行的追求，大體應算是一種正能量。一部反映中華美食傳統的紀錄片《舌尖上的中國》，帶給不少人異樣欣喜。片中展示的各地美食生態，食材選擇搭配，烹調加工藝術，乃至炊具的配備使用，看得觀眾「垂涎三尺」，無意中帶火不少地方特色鮮明的「吃」的產業，並美其名曰「美食文化」。中華美食也確實蘊含着耐人尋味的風俗儀式和倫理文化，屬於正能量。

中國社會確實需要正能量。

經歷這麼多年的改革發展，人們分享改革發展成果的願望越來越強烈，利益格局的多樣化和分化趨勢明顯，不同的社會階層和利益群體形成了不同的價值觀念和利益訴求。凝聚改革共識，統籌兼顧各方利益，比過去更難了。社會上一些群體特別是被稱為中產階層的人，也有了明顯焦慮。

　　這年最大的正能量，是 11 月召開的中共十八大。大會把科學發展觀作為黨必須長期堅持的指導思想和行動指南寫入黨章，習近平當選為中共中央總書記和中央軍委主席，來年 3 月當選國家主席。黨的領導層順利實現交接。觀眾通過電視直播，看見習近平同中外記者見面時說道：「人民對美好生活的嚮往，就是我們的奮鬥目標。」這個宣示，傳達出最大的社會正能量，人們感到最為可心。

　　正能量來自好的社會政策。從三年前開始，中國先後啟動新型農村社會養老保險和城鎮居民社會養老保險試點，到 2012 年 10 月，城鄉居民社會養老保險參保人數達 4.59 億，其中 1.25 億城鄉老年居民領取養老金。國家還決定在全國所有縣級行政區實行城鄉居民的養老保險，以期從制度上保證「老有所養」全覆蓋。

　　正能量來自科技領域「上天入地下海」的突破性成就。

　　人們說，地球有四個「極地」。除了大家熟知的南極和北極，還有地球之「巔」的珠穆朗瑪峰和地球之「谷」神祕的大洋海溝。人類足跡還很少到達地球之谷。中國的「蛟龍」號載人潛水器，這年在太平洋馬里亞納海溝區域進行下潛試驗，創下 7062 米中國載人深潛新紀錄。

　　地球之外，更有無限的「極地」。神舟九號在距地球 343 公里的太空，與天宮一號完成首次手控交會對接，「擁抱」在了一起。三位航天員依次「飛」進「天宮」，其中包括中國第一個

進入太空的女航天員劉洋。

老百姓這年最津津樂道的，要算是中國第一艘航空母艦「遼寧艦」正式交付海軍這件事了。在航空母艦問世將近百年之際，中國在 2012 年終於擁有了體現海上力量的「巨無霸」。

好戲還沒有完。中國自主建設、獨立運行的北斗衛星二號系統的 14 顆衛星，完成發射組網，開始為亞太地區用戶提供服務。這是繼美國、歐洲、俄羅斯之後第四個衛星導航系統。可別小看了這項成就，此前，人們大多只能使用美國的 GPS 導航系統，中國人如今有了新的選擇。事實上，在 2008 年汶川地震時，震區通訊中斷，最早進入的救援隊，就是靠還沒有區域組網的北斗衛星提供信號保持聯絡的。這以後，不少車載導航儀，自動播種收割的拖拉機，防止老人小孩走失的帶定位功能的鞋子，定位攝影的小型飛行器等，靠的都是北斗衛星那看不見的光波指引。

有三件將最大限度激發全社會正能量的大事，成為 2012 年就要結束時甩出的精彩「豹尾」。

一是提出「實現中華民族偉大復興中國夢」。猶如一石激起千層浪，引起社會廣泛熱議和真切回應。這句話傳遞了共識、凝聚了人心，讓整個社會知所趨赴，充滿信心地去創造未來。

一是明確「改革開放是決定當代中國命運的關鍵一招」，「改革開放只有進行時，沒有完成時」。在 30 多年的改革進入攻堅區和深水區的時候，這樣的宣示，意味着新一輪改革即將再出發。

一是制定出了「八項規定」。要求改進調查研究；精簡會議活動，切實改進會風；精簡文件簡報，切實改進文風；規範出訪活動；改進警衛工作；改進新聞報道；嚴格文稿發表；厲行勤儉節約，嚴格遵守廉潔從政有關規定等。每項規定，都很實在具體，都從中央做起。接下來，就像人們親身體驗到的那樣，「八項規定」層層細化，層層落實，幾乎成為所有領導幹部改進工作作風、密切聯繫群眾的「代名詞」。

12 月，經過網民推薦、專家評審、網絡票選，「夢」被評為年度國內第一字。有人說，一個國家處於上升期的標誌之一，是這個國家開始打造她的追「夢」能力，它的國民開始自信地談論和確定自己的夢想。這樣的情境，何嘗不是一種持久發力的正能量呢？

「中國夢」的能量在當下，也在未來；在明處，也在人心。

2013 年

方向感

中國這年發出建設「絲綢之路經濟帶」和「21 世紀海上絲綢之路」的合作倡議，引發不少國家積極回應。這是第一次由發展中國家發起的、跨地區的大型國際發展倡議。它不是一個大型援助計劃，而是共商共建共享、互利共贏的合作項目集群。

有人說，「一帶一路」昭示了「一種新型的經濟全球化方向」。

的確，中國的 2013 年，是讓人們擁有明確方向感的一年。

新年伊始，撲面而來有關反腐倡廉的新提法，讓老百姓耳目一新。「『老虎』、『蒼蠅』一起打」「把權力關進制度的籠子」「打鐵還要自身硬」，句句都擲地有聲。中央提出要形成不敢腐、不能腐、不易腐的體制機制，更是昭示了扼制腐敗蔓延的新方向。

為了朝新方向邁進，執政黨的作風轉變，動了真格。年前制定的「八項規定」，全面落地執行；以整治「四風」（形式主義、官僚主義、享樂主義、奢靡之風）為主要內容的群眾路線教育實踐活動，分批開展起來，俗稱是讓領導幹部「照鏡子、正衣冠、洗洗澡、治治病」；國務院向社會公開承諾「約法三章」，本屆任期內，政府性的樓堂館所一律不得新建，財政供養人員只減不增，「三公」經費只減不增。

以上，還只是宏觀氛圍。

落實加強黨的建設的新思路、新方向，沒有停留在常規性的一般做法上面，而是實實在在地從細小處做起來了。

一段時間以來，車輪上的鋪張，舌尖上的浪費，會所中的歪風，公款旅遊，名目繁多的變相「福利」，透支了人民群眾對黨和政府的信任。這些過去被認為是法不責眾、司空見慣的尋常事，如今都不行了。

這年，四川省涼山州一名領導幹部帶領 15 個人的工作組下鄉，開了十台越野車，加上縣裏陪同的車輛，在崎嶇的山路上，形成一支綿延一二里路的車隊。晚上本來安排的是工作餐，卻因為前來看望的同鄉同學和親友越來越多，變成了 60 人參加的大宴席，花了 15000 多元。中共四川省紀委對這起大吃大喝案件進行了嚴肅處理。

涼山州還制定了「十條規定」，其中一條很特別，就三個字：「不殺牛。」原來，當地老百姓有一個風俗，婚喪嫁娶、招

待尊貴客人都要殺牛。這個風俗後來有些變味兒，書記下鄉要殺牛，縣長下鄉也要殺牛，成為公務接待的「標配」。新規定一出，無論大事小事都要殺牛宰羊顯排場的風氣基本上不見了。

還有，領導幹部違規兼職特別是在企業兼職；收取享用別人贈送的各類會員卡；把家庭成員送到國外定居，自己在國內當「裸官」；出差時被安排到風景名勝觀光一番，或順帶收點地方的土特產；逢年過節機關單位出錢買些購物卡或月餅之類的禮品送人……凡此等等，都要受到處分。若有人於燈紅酒綠處大吃大喝，被拍下場景或賬單，隨手發到網上，一經查明真是公款消費，吃喝者便不好受了。靠公款接待夜夜爆滿的場所也風光不再。

日子不好過的，還有一些多年奈何不得的「老賴」。從10月開始，那些經法院判決的被執行人，若拒不履行判決，或有能力償還債約而拒絕償還義務的，一經納入失信人名單，便失去了高消費的機會，坐飛機或高鐵都會因為失信這頂帽子而被拒絕。

在山東陽谷縣，一個敗訴人拒不還債，法院查封了他正在使用的尾號為「99999」的手機號，公開拍賣了48.3萬元用以還款。建立全國聯網的社會信用信息記錄，健全對失信者的監督曝光和懲罰機制，打造誠信社會，成為公民道德建設的新方向。

這年召開的中共十八屆三中全會，更是釐定全面深化改革方向的重大事件。給人們印象最深的，是提出要使市場在配置

資源中起決定性作用和更好發揮政府作用，特別是明確了改革的總目標，是完善和發展中國特色社會主義制度，推進國家治理體系和治理能力現代化。這兩點都是帶方向性的。

如果說 30 多年前啟動的改革是皆大歡喜的普惠式改革，那麼，2013 年啟動的新一輪改革，一個重點就是打破利益固化的藩籬，調整利益分化的格局。要實現改革的總目標，零打碎敲調整和碎片化修補不行了，某個領域、某個方面的單向突進也不行了。於是，中央提出經濟、政治、文化、社會、生態文明、國防軍隊、黨的建設各個方面 60 項改革任務，同時還推出 330 多項具體的改革舉措。

比如，首創設立的上海自由貿易試驗區，開始實行負面清單管理模式，將清單以外的投資項目由核准制改為備案制。這樣一來，外商投資的空間大大增加了。中國還提出以人為核心的新型城鎮化規劃，讓城市融入大自然，讓居民望得見山，看得見水，記得住鄉愁，成為城鎮建設的新方向。

科技領域一些突破性進展，也昭示出讓人欣喜的發展方向。中國自主研製的第一種大型運輸機運 − 20 這年首次試飛成功，三年後即正式列裝。

「嫦娥三號」首次軟着陸於月球虹灣區域，和巡視器「玉兔」互拍成像。這是繼 1976 年蘇聯「月球 24 號」之後第一個在月球軟着陸的人類探測器。將近 30 年前搭乘「阿波羅」飛船，在月球上留下人類第一個腳印的美國宇航員阿姆斯特朗，1988 年

訪問中國時說：「人類最早夢想登月的是誰？是一位美麗的中國姑娘。人類最先登上月球的是誰？是一個美國人。」如今，中國自己的「嫦娥」「回到」月球踩上腳印的日子，不會太遠了。

神舟十號載人飛船搭載三名宇航員在太空與天宮一號成功實現自動和手動對接。宇航員們首次開設了「太空—地面」課堂，並和地面實時互動。電視觀眾們彷彿身臨其境，了解到各種物體在失重狀態下會發生什麼改變，感受到宇宙的神奇魅力。

神舟十號還帶回遨遊太空 15 天的各類農作物種子，被人們播種下地。新的希望在孕育，新的收穫在招手，新的夢想在放飛。

2014年
平台與秩序

這年 3 月，人們關注的熱點，是從吉隆坡飛往北京的 MH370 航班突然「失聯」。因為機上 239 名乘客大多是中國人。

飛機的下落至今仍然是個謎，事件也因此被冠上了「離棄」的標誌。失聯或離棄，就是脫開了應有的平台和秩序。

2014 年的中國，開始大幅度地構築各種平台和秩序。

中國這時已經有 6.3 億網民，12 億手機用戶，5 億微博和微信用戶，每天信息發送量超過 200 億條，全球互聯網公司十強中，中國佔了四家。中國已經成為名副其實的互聯網大國，同時也構築起了互聯網發展的可觀平台。

互聯網龍頭企業阿里巴巴，開始尋找未來發展的新平台。9 月，它登陸美國紐約證券交易所，收盤時市值達 2314 億美元，超出美國兩大電商巨頭亞馬遜和億貝的總和。

　　兩個月後，第一屆世界互聯網大會在浙江的烏鎮召開。近100個國家的政要、國際組織代表、著名企業高管、網絡精英、專家學者，共1000多人匯聚在千年古鎮，商討關乎人類生產和生活方式變革的未來。烏鎮由此成為世界互聯網大會的永久會址。中國與世界互聯互通的國際平台，國際互聯網共享共治的中國平台，就這樣搭建起來。

　　中國與國際互聯網實現「全功能連接」20年了。回首來路，它不斷帶來新的可能。在技術演進背後的網絡自媒體時代，也是泥沙俱下。

　　過量而疾速的信息流通和分享，讓很多人變成「信息轉換器」，飛快地抓住一個東西，然後飛快地轉發出去，很難再去深刻感受、沉靜思考。就像強光能讓人目盲一樣，鋪天蓋地的信息也可能讓人退化，商業利益製造的潮流將人變成既定的附庸，人們自身反而變得面目模糊。人們沉溺在一個看似無所不知、實則充滿遺忘的世界。新熱點來了，舊事件馬上淡出。人們拚命刷屏，生活在對信息的攫取、遺忘、再攫取的怪圈裏。

　　更有一些專業公司通過貼吧、論壇、微博、微信等平台，從事網絡推手和營銷業務；有的甚至不惜組織策劃、蓄意炒作「網絡事件」以達牟利目的；被操縱和炮製的輿論常常覆蓋了真實的民意，變成牟利和泄憤的途徑；擁有粉絲便擁有了話語權，擁有了變現的資本。

　　網絡平台開始了變化。北京朝陽區人民法院審理的「秦火

火」一案，讓不少人體會到，再小的個體，也有自己品牌；再
變幻的空間，也有相應的規則和秩序。自媒體時代，應該沿着
這樣的邏輯出發，才能使網絡空間清朗起來。

　　舉辦亞太經合組織領導人非正式會議（APEC），是 2014
年中國外交的一個高品質平台。出席會議的亞太國家領導人，
看到的是中國提議構建的融合、創新、互聯的亞太新平台。在
這個新平台上，為促進「一帶一路」建設，開拓中亞、西亞市
場，中國出資 400 億美元成立了絲路基金。

　　隨着南海多個島礁的填海擴建工程初具模樣，中國強化
了在南海的實際存在，同時也為國際航行提供了優質服務新平
台。大幅面全開豎版《中華人民共和國地圖》在這年發行，南
海海域和島嶼不再作為插圖標示，而是與大陸為同一比例尺凸
顯出來。使用 400 多年的橫版地圖不再「一統天下」。

　　中國經濟邁上新的平台。這年名義 GDP 跨過十萬億美元大
關，但和美國的差距仍然很大。如果以世界第二大經濟體和聯
合國安全理事會常任理事國的身份，中國是可以成為影響國際
格局的世界性大國的。中國的想法和做法是，堅持推動構建人
類命運共同體。

　　中國對自己的經濟發展擁有了一個新論斷，叫進入「新常
態」。新常態意味着新平台，在這個平台上，經濟發展從高速增長
轉向中高速增長，發展方式從規模速度型轉向質量效率型，發展
動力從主要依靠資源和低成本勞動力等要素投入轉向創新驅動。

中國的經濟發展，在未來一段時期內，將是「L」型走勢。「退一步」是為了「進兩步」。對一些經濟指標回升，不要喜形於色；對一些經濟指標下行，也別驚慌失措。淡定從容地生活在經濟發展新常態裏，是必備的心理素質。

為主動適應和引領經濟發展新常態，這年正式確立「三大空間」發展戰略。這就是「一帶一路」合作倡議、京津冀協同發展、長江經濟帶建設。與此同時，南水北調中線一期工程正式通水。取自湖北丹江口水庫的水源，沿京廣鐵路線西側北上，到達北京、天津和河北。

大道至簡。這年的改革氣象，是通過簡化平台來構建新的秩序。天津市成立濱海新區行政審批局，將區屬發改委、經濟信息委、財政局、環保局等 18 個部門的 216 項審批職責，全部劃轉到行政審批局，工作人員從 600 人減至 130 多人，廢止原用的 109 枚印章，實現「一顆印章管審批」。印章瘦身的背後既是權力的艱難劃轉與割讓，也是方便群眾辦事的大善舉。

在天津濱海新區行政審批局辦事大廳，一個叫郭蘭勝的年輕人告訴人們，2008 年在註冊自己的餐飲公司時，因不堪忍受艱難繁瑣的審批過程，專門找了一家代辦公司，用了 20 多天，還花掉六七千元代辦費。如今，他依靠新的平台和秩序，一天就辦下了新辦公司的審批手續。

這年開始的戶籍制度改革，全面放開建制鎮和小城市落戶限制，有序放開中等城市落戶限制，合理確定大城市落戶條

件。目的是引導農業人口有序和合理地向城鎮轉移，也意味着實行半個多世紀的「農業」和「非農業」二元戶籍管理平台，將逐步退出歷史舞台。

最大的秩序建構，無疑是部署「全面推進依法治國」。中共十八屆四中全會，專門研究法治問題，這在中國共產黨的歷史上還是第一次。為建設法治中國，現在有了新的路線圖。

巡看這張路線圖，人們發現一些新的現象。法院的法官和檢察院的檢察官，開始實行員額制，明確他們要獨立辦案，誰辦案誰負責。如果有人私下打招呼、遞條子過問甚至干預案件，都必須如實記錄在案。法院改判錯案的力度加大，內蒙古自治區高級人民法院對呼格吉勒圖故意殺人、流氓罪一案再次判決，宣告呼格吉勒圖無罪，國家賠償也得以落實。公正司法從此有了新的秩序保證。與此同時，公安部實施「獵狐 2014」專項行動，緝捕境外在逃的經濟犯罪嫌疑人，先後從 60 個國家和地區抓獲外逃經濟犯罪人員 428 名。

在國家這個大平台上，也有了不少新秩序。中國人民抗日戰爭勝利紀念日（9 月 3 日），烈士紀念日（9 月 30 日），南京大屠殺死難者國家公祭日（12 月 13 日），國家憲法日（12 月 4 日），在這年相繼設立。還有，全國人大常委會釋法，就爭論不休的香港普選問題作出決定。香港一些人組織「佔領中環」的違法聚集活動，受到香港主流民意反對。特區政府依法處理，恢復了社會秩序。

　　建設法治中國，還有不短的路需要走。不顧法律和政策，遇事就鬧的現象屢屢發生。頻頻出現的「醫鬧」就很讓人頭痛。一些基層幹部多少患上「恐鬧症」，結果形成小鬧小解決、大鬧大解決、不鬧不解決的惡性循環。一些「鬧事」的人也確實出於無奈，正規渠道走不通，不鬧問題得不到重視和解決。走出這樣的困局，還要靠法治國家、法治政府、法治社會的一體建設，以積累起定紛止爭的平台和秩序。

2015 年

佈 局

　　這年是中國人民抗日戰爭暨世界反法西斯戰爭勝利 70 周年。9 月 3 日那天，通過天安門廣場的閱兵方陣，展示出令人耳目一新的佈局：第一次組織抗戰老同志方隊參閱，第一次安排將軍擔任領隊受閱，第一次邀請外軍方隊參加閱兵。

　　習近平當天宣佈，中國將裁減軍隊員額 30 萬。隨後，行進在強軍路上的人民軍隊，開始了一場整體性、革命性的改革佈局。這場佈局的原則是，軍委管總，戰區主戰，軍種主建。

　　2015 年的中國，在發展上開始了新的佈局。

　　中國企業走出去併購海外公司，出現高潮。這年實施的海外併購項目達到 593 個，累計交易金額 410 億美元。雄心勃勃大把撒錢背後，也有些隱憂。有的企業在國內並非實力十足，爽約也就難免；一些曾受到高度關注的交易，也無果而終。企

業家們開始做明智調整，思謀更加周密的海外發展戰略佈局。

房地產市場依然故我地迅猛發展着。在一線城市，十萬元一平方米的價格比比皆是，一些上市公司的年利潤，甚至不足以在一線城市買一套像樣的房子。其可能存在的泡沫一直讓人心驚膽戰。沒有買房的人期盼着房價下跌，已經買房的人期盼着繼續上漲。多年來房市幾經調控，反而一路上揚，促使人們思考着新的謀篇佈局。

讓人揪心的不光是房地產市場。這年旅遊旺季，山東青島一家飯店的大蝦賣 38 元一隻，雲南導遊嫌遊客不願購物出言不遜，成為輿論的抨擊對象。位於天津東疆保稅港區的瑞海國際物流有限公司所屬危險品倉庫發生爆炸，導致 165 人遇難，8 人失聯。數十米高的蘑菇雲成為天津人心中無法磨滅的印記。

讓更多人驚心動魄的，是 A 股市場罕見的大起大落。上證指數從 3000 點附近一路攀升到 5178 點新高，隨即急速逆轉，直線下跌，滬深兩市值蒸發了 24.5 萬億元。

中國的發展確實應該明確新思路、新佈局了。

中共十八屆五中全會明確了新思路新佈局的答案。答案是，牢固樹立，切實貫徹創新、協調、綠色、開放、共享的新發展理念，是關係中國發展全局的一場深刻變革。此前，中央還提出全面建成小康社會、全面深化改革、全面依法治國、全面從嚴治黨的戰略佈局。

為推進這個戰略佈局，落實新發展理念，2015 年的中國，

新招頻頻。

為形成「大眾創業，萬眾創新」新局面，全國範圍內實施了一個叫「互聯網+」的行動計劃。通俗地講，「互聯網+」就是「互聯網+各種傳統行業」。「+」的含義是跨界融合，發揮互聯網在生產要素配置中的優化和集成作用，實現創新驅動，提升實體經濟的創新力和生產力。本來是代指一種新興經濟形態的「互聯網+」，成為這年的十大流行語之一。

在新佈局中，有一個叫王興的青年人創立的團購網站，終於脫穎而出。王興自稱是「最倒楣的連續創業者」。從 2003 年中斷美國的博士課程回國創業，他和他的團隊，以平均每兩個月淘汰一個創業項目的節奏，不斷試錯、摸索。去年創辦的美團網，在今年終成大器。

社會人口的大佈局，是改變實行 30 多年的「只生一個好」的生育政策，明確一對夫婦可生育兩個孩子。中國的人口出生率在 1987 年達到高峰後，開始下滑。勞動力人口在 2012 年出現拐點，新增勞動力人口逐年減少。中國發展的「人口紅利」明顯消退，老齡化社會確確實實地到來了。全面放開二孩生育的新佈局，將給人們選擇更好的家庭模式帶來方便，進而為社會發展創造更多的活力。

佈局的要旨，在堅持以人民為中心，補齊發展中的短板。

短板在何處？在農村。

於是，新一輪農村土地制度改革開始佈局試點，重點是推

行土地所有權、承包權、經營權三權分置。也就是說，土地所有權歸集體，把歸於農戶的承包經營權分為承包權和經營權，在所有權和承包權不變的情況下，土地經營權可以轉讓，可以用於抵押和擔保。這就為鼓勵資本進入農村，擴大農民承包地的經濟效能，創造鄉村振興的新局面，準備了相應條件。

與此同時，扶貧攻堅戰打得轟轟烈烈。幾乎所有的機關事業單位和國有企業都被動員起來，選派幹部到貧困村去擔任黨支部第一書記。當地幹部也「一對一」明確了幫扶對象，對貧困縣的黨政一把手，則要求他們全縣不脫貧摘帽，就不能調走。

打贏這場扶貧攻堅戰，關鍵在「精準」。誰家是貧困戶，要算出細賬，不能馬虎；在貧困地區上馬的扶貧項目，要因地制宜，符合實際；扶貧資金的使用，要有效果，不是把錢花下去就不管了；派往貧困村的幹部，要真能夠發揮作用；脫貧成效如何，也要精準核算。

至於脫貧的途徑，也做了設計。佈局是：通過發展生產，諸如搞特色產品或鄉村旅遊等來脫貧；如果環境惡劣，資源奇缺，索性就讓村民搬遷到條件比較好的地方去；屬於自然保護地帶的貧困村，則給他們相應的生態補償；改善教育條件，加大技能培訓，給貧困地區的人們出外掙錢創造條件；最後，實在是因為缺少勞動力或因大病致貧的，就靠社會保障來兜底。

一個叫劉慈欣的作家寫的科幻小說《三體》，獲得法國文學「雨果獎」，引起人們對科幻文藝作品的關注。土生土長的科

學家屠呦呦，因為幾十年前為創製抗瘧藥青蒿素和雙氫青蒿素的貢獻，獲得諾貝爾醫學或生理學獎。她曾經為提取青蒿素而「嚐百草」。在瑞典卡羅林斯卡醫學院，她用中文發表《青蒿素的發現：傳統中醫獻給世界的禮物》的主題演講，傳達出滿滿的正能量。

與此同時，一位影視明星耗資億元的豪華婚禮，卻吸引了更多人的眼球，着實讓人唏噓不已。看來，中國的發展，也需要有新的精神佈局。

「多少年的追尋，多少次的叩問，鄉愁是一碗水，鄉愁是一杯酒，鄉愁是一朵雲，鄉愁是一生情。」中央電視台這年播出的系列片《記住鄉愁》，很像是一次精神佈局。它記錄的是鄉愁故事，傳達的是不同村落裏講仁愛、倡忠孝、重和睦、守誠信、崇道義、尚勤儉、愛自然這樣一些民風民俗，目的是讓觀眾感受中華民族的文化基因和家國情懷。

2016 年
「詩和遠方」

　　一位音樂人這年寫下這樣的歌詞：「生活不只是眼前的苟且／還有詩和遠方的田野／你赤手空拳來到人世間／為找到那片海不顧一切。」

　　「詩和遠方」，頓時爆紅網絡。用它來比喻 2016 年的中國，在意蘊上不算離譜。

　　全球首個由中國倡議設立的多邊金融機構亞洲基礎設施投資銀行，1 月間正式開業。中國的經濟開放，搧動起金融這隻新翅膀，或將飛得更遠。9 月，在杭州舉辦的二十國集團（G20）領導人峰會，以「構建創新、活力、聯動、包容的世界經濟」為主題，意在為全球經濟治理，貢獻「大家一起走，才能走得更遠」的可行願景。

　　奔向遠方的中國奇跡，在這年輪番上演：中國首枚大型運

載火箭長征五號實現首飛；天宮二號和神舟十一號載人飛行任務圓滿成功；由中國科學家自主研製的世界首顆量子科學實驗衛星「墨子號」飛入太空；被稱為超級「天眼」的 500 米口徑球面射電望遠鏡，在貴州省平塘縣的喀斯特窪坑中落成啟用，開始接收來自宇宙深處遠得不能再遠的電磁波。

只要心中有「詩和遠方」，日子就會過出味道。於是，社交娛樂、資訊閱讀、網絡購物、旅遊攻略、美食烹飪、健身跑步、講座課程，只要在手機上加載商業應用的各款 APP，人們的生活開始變得方便快捷、多姿多彩。

遠方並不再遠，有時候它就近在眼前。在一些城市的大街小巷，這年突然冒出紅、黃、藍各種顏色鮮豔的自行車。人們只要在手機上打開 APP，掃碼開鎖騎上就可以走。這實際上是一種分時租賃的經營模式，好處是解決人們出行時常常遭遇的「最後一公里」難題。因價格便宜，人們稱之為「共享單車」。

遺憾的是，也有人把共享單車搬回去當私車用，人為損壞的單車在有的地方堆積如山。看來，任何經營模式的創新，都要經受陣痛，同時也勾勒出一座城市或某個人群的性格剪影。心中沒有「詩意」，即使有「共享」美名，也騎不到「遠方」。有的企業為佔據更大市場，超量投放單車，難免使單車閒置或佔用太多公共場地。這樣的競爭，要到達「遠方」，註定會經歷潮起潮落的坎坷。

與共享單車相似的，還有「滴滴出行」、共享民宿「小豬

短租」、共享服裝租賃「衣二三」、共享辦公空間，幾乎覆蓋了衣食住行各個領域。「共享經濟」隨即成為時髦話題。所謂共享經濟，主要是藉助互聯網第三方平台，將供給方閒置或存量資源使用權暫時轉移給需求方，從而為雙方創造價值。

共享經濟是上年提出的供給側結構性改革後出現的新業態。

人們還記得，這兩年到日本旅遊的不少人，花高價買回一些智能馬桶蓋，引來一陣驚疑。其實這恰恰反映國內的有效供給不足，人們只好到「遠方」購買。提出供給側結構性改革，意在刺激各種有針對性的有效供給，以拓展新市場、滿足人們的新需求。

於是，11月15日出現了這樣一個場景：一架攜帶10餘公斤重包裹的無人機，從成都郫縣鵾城站起飛，八分鐘後抵達德源鎮永光村，在離地一米處懸停並自動卸貨後，返航而去。京東商城就此完成了西南地區首單無人機配送業務。無人機當「快遞小哥」，讓人們體驗到什麼是來自「遠方」的快捷服務。

互聯網上的各種直播平台火了起來，用戶人數達三億，市場規模達150億元。十多年前不少喜歡唱歌的年輕人想當「超女」，如今不少想表達自我的人，把開直播當「網紅」，看成是「詩和遠方的田野」。還有，因為提倡「廁所革命」，結果是潔具市場迅猛增長，其中，配有內置式坐浴和其他功能的高端馬桶尤其受歡迎。人們的消費目光逐漸從遠方拉回到了近處。

塑造「詩和遠方」經濟業態和現實生活，需要精益求精的

「匠人精神」。做電飯煲的，能讓煮出來的飯粒晶瑩不粘鍋；做吹風機的，能讓頭髮吹得乾爽柔滑；做菜刀的，能讓主婦手起刀落，輕鬆省力；做保溫杯的，能讓出行者在雪地中喝到一口熱水。這樣的極致「匠心」，或許便是一種苦吟的「詩心」。

現實中的「詩和遠方」，有時候也讓人五味雜陳。

2016 年被稱為對「P2P」平台的監管元年。全國普遍開展了對互聯網金融風險專項整治工作。P2P 是通過互聯網個人對個人、點對點的一種民間藉貸方式。這種金融創新曾讓人眼前一亮，其運行平台在去年底達到 2595 家，全年成交量將近一萬億。隨着逾期兌付或經營不善的情況屢屢發生，加強監管勢所必然。P2P 退潮也將持續一段時間。

夏天，考取南京郵電大學的山東臨沂應屆高中畢業生徐玉玉，因為被騙 9900 元而傷心以致猝死。人們發現，自己在互聯網上趕向遠方的時候，原來一直是在「裸奔」。你的個人信息都被互聯網一一「記錄在案」，由此產生電信詐騙這顆社會毒瘤。為切除它，這年頭十個月，公安部門便打掉將近 7000 個電信網絡詐騙團夥。

為耕種好黨員幹部心中那片「詩和遠方的田野」，中共十八屆六中全會，總結幾年來全面從嚴治黨的新鮮經驗，通過《關於新形勢下黨內政治生活的若干準則》。《準則》裏「不准」「決不允許」這樣的字眼多達 50 多處。

通過體制手段的創新，反腐風暴在這些年持續吹颳，落馬

官員在數量上不斷刷新紀錄。每拿下一個省部級乃至副國級腐敗分子，相應的資料也會面向全社會公佈，很多貪腐細節，令世人震驚。一個個具體事例在向人們詮釋什麼是黨員幹部千萬不能觸碰的「高壓線」。犯事的人誰都不要心存僥倖，沒犯事的人誰都不能放鬆要求。

這年，在紀念中國工農紅軍長征勝利 80 周年和慶祝中國共產黨成立 95 周年兩次大會上，習近平說道：每一代人有每一代人的長征路，每一代人都要走好自己的長征路。要不忘初心，繼續前進，走得再遠，走到再光輝的未來，也不能忘記為什麼出發。

這，大概就是「詩和遠方」的真諦所在。

2017 年

為新時代作注

中國這年的 GDP 達到 12.24 萬億美元，經濟規模是美國的 63.28%，大約是日本、德國、英國的 GDP 之和，還是世界第一大出口國和第二大進口國。中國對世界經濟增長貢獻率，已連續五年保持在 30% 左右，居世界第一位。

這種局面揭示的，是一種鮮活而宏大的歷史進程：中國用幾十年的時間走過西方發達國家幾百年經歷的現代化歷程，實現了從落後時代到大踏步趕上時代，進而在某些方面開始引領時代的跨越。

如果只能用一個詞來概括 2017 年的中國，「新時代」可能是很多人的選擇。這年召開的中共十九大，宣佈中國特色社會主義進入新時代，確立習近平新時代中國特色社會主義思想為黨的行動指南和必須長期堅持的指導思想。新時代，由此成為

中國所處歷史方位的主題詞。

國際上有個專門的代際術語，叫千禧一代，指那些生於 20 世紀末、在跨入 21 世紀後陸續成年的一代。到這年，80 後、90 後的千禧一代都成年了。在中國，這代人大多屬於獨生子女，伴隨着電腦和互聯網長大，比上一代人更充滿個性，更喜歡直率表達訴求，有靈活的頭腦，並嫻熟地使用高科技產品來延伸自己的能力。他們事實上已成為改革發展的中堅力量。千禧一代走在了時代前列，何嘗不是新時代的降臨。

千禧一代的父母，屬於 50 後的那代人，大多數都退休了。他們曾經是工人、農民、軍人，是下鄉知青或待業青年，是改革開放初期為數不多的大學生，是穿着迷彩服在城市裏幹各種活計的農民工，是擺攤開店的個體戶，是大小企業的創業者或下崗職工，是曾經豪情滿懷「指點江山」的機關幹部或知識分子⋯⋯

這代人，不尋常。他們從貧困邁向小康，感受到的科技進步最快，駐足的觀念「驛站」最多，經歷的社會變化最顯著，實現的生活跨越最大。小時候，他們推鐵環、跳橡皮筋，腦子裏裝的是「樓上樓下，電燈電話」的夢想。

現在，他們老了。雖然有些抱怨但卻真心熱衷於照看着孩子的孩子，或者在廣場跳舞，在公園唱歌，在街邊打麻將，在風景名勝旅遊。尤其喜歡在朋友圈裏發微信，不厭其煩地給兒女轉發來路不明、標題嚇人的養生信息，以及一些「心靈雞湯」

類文字，搞得兒女不勝其煩。

他們曾經勤奮地創造了一個時代，如今很希望在餘下的日子裏活出「新時代的味道」。

新時代的味道，最應該瀰漫在老百姓的生活當中。

中國社會消費品零售總額，這年達到 36.6 萬億元，連續 14 年保持兩位數增長。社會消費越來越成為經濟增長的主要拉動力。

消費時代的到來，自然是花樣翻新。中國各地舉辦的馬拉松賽事，僅在中國田協註冊的，就從 2011 年的 22 場，暴增到驚人的 1120 場，覆蓋了 31 個省區市的 234 個城市，參賽人次近 500 萬。看來，跑步不僅是為了健康，也開始成為人們的一種生活方式。

這年上映的電影《戰狼 2》，票房收入達到 56.8 億元，創下 1994 年有準確票房統計以來的最高紀錄。支撐這個票房紀錄的，是真實的撤僑背景，激蕩的愛國情懷，還有個人英雄主義的浪漫元素。看來，成為新時代注腳的，還有中國人精神消費的變化。

10 月，改革開放後第一代民營企業家指標性人物魯冠球去世了。在最後的時光，他對接班的兒子說：這輩子我夠了。魯冠球這輩子的人生，確實足夠精彩。1984 年，他就把自己創辦的萬向企業生產的萬向節賣到了美國。十年後，又在美國成立了公司，不出幾年銷售額便達到 20 億美元。如今，美國的三輛汽車中，就有一輛車上有萬向集團生產的零部件。這也使得魯

冠球成為中國領導人訪美經貿團的常客，創造了四年三度隨國家領導人出訪的紀錄。

正是因為有了魯冠球這樣一大批民營企業家的精彩人生，才有了新時代中國民營經濟的精彩風景。到 2017 年，民營經濟給國家貢獻着 50% 以上的稅收，60% 以上的國內生產總值，70% 以上的技術創新成果，80% 以上的城鎮勞動就業人口，90% 以上的企業數量，撐起的何止是國民經濟的「半壁江山」。

這裏面，不知蘊含着多少企業的精彩故事，多少創業者的精彩人生。在新時代，已經有將近一億家民營企業和個體工商戶，他們機制靈活、貼近市場，抓住創新創業、轉型升級的機遇發展了自己。比如，中國目前有超過 200 萬人的快遞「大軍」，有超過 2000 萬人的微商從業隊伍。

出國留學人數在這年首次突破 60 萬大關，持續保持世界最大留學生生源國地位。留學回國人員也達到 48.09 萬人。在新時代，越來越多的出國留學者，願意成為回國尋找發展機會的「追夢人」。

新時代的中國，常住人口城鎮化率已經達到 58.25%，每年有超過 1000 萬農村居民市民化，有 2.8 億農民工成為產業工人的重要組成部分。創新創業，人口轉移的背後，是尋求新的發展機會，積累新的人生精彩。這當然也是新時代的一個重要注腳。

新時代的中國，有一個理論注腳。這就是，新時代的社會主要矛盾，已經從「人民日益增長的物質文化需要同落後的社

會生產之間的矛盾」，轉化為「人民日益增長的美好生活需要和不平衡不充分的發展之間的矛盾」。

打扶貧攻堅戰，就是為了解決這個矛盾。江西省井岡山市、河南省蘭考縣等 28 個貧困縣脫貧「摘帽」，其中便包括習近平 2013 年考察過的湖南省湘西的十八洞村。全村 2017 年的人均年純收入，從 2013 年的 1688 元增長到 10180 元。村裏整合周邊自然景觀，發展起鄉村旅遊。有企業還在村裏投資生產出了名為「十八洞」的礦泉水。戶戶通了自來水，無線網絡也覆蓋全村，村裏還有提款機、中國郵政服務點。

時速 350 公里的「復興號」高鐵列車，開始運營，在廣袤的大地上為新時代添畫出別致的符號。這年，中國高鐵延長到 2.2 萬公里，佔世界高速鐵路運營總里程 60% 以上。「四縱」（北京到哈爾濱、上海、香港，杭州到福州）「四橫」（徐州到蘭州、上海到昆明、上海到成都、青島到太原）高鐵網基本成型，是世界上唯一高鐵成網運行的國家。進入「高鐵時代」的中國，壓縮了城市間的時空距離，讓老百姓體驗到新時代經濟動脈所煥發出的無限活力。

不少具有劃時代標誌的科技和建築工程井噴式湧現：世界首台光量子計算機原型在中國誕生；國產大飛機 C919 實現首飛；在南海成功試採「超級能源」可燃冰；世界上穿越沙漠戈壁里程最長的北京到新疆的高速公路，全線貫通；世界首條量子保密通信幹線「京滬幹線」開通；第二艘也是首艘由中國自

主設計建造的航空母艦下水……「大國崛起」，或許是新時代中國最直白的注腳。

這年還推出一項劃時代的舉措——在河北省設立雄安新區。這個新區的建設，被定為千年大計，絕非一蹴而就。但它多少是新時代中國走向未來的一個注腳。

進入新時代的中國共產黨，自身建設的風景頗為可觀。

在召開中共十九大的時候，人們讀到這樣一組數據。五年來，立案審查的省部級和部隊軍級以上幹部，以及其他中管幹部，有440人；立案審查的廳局級領導幹部8900多人，縣處級幹部6.3萬人，處分村黨支部書記和村主任5.8萬人。全國市、縣、鄉換屆中，有9300多名幹部因為審查不過關被攔了下來。

這組數據背後，關聯着新時代中國人的信心。一部叫《人民的名義》的電視劇，異常「火爆」。這部大尺度聚焦反腐敗的作品，實際上是為新時代黨的建設成就和中國人的信心，作了一個藝術化的注腳。

為新時代中國的國際身影作注腳的，是在北京舉行的「一帶一路」國際合作高峰論壇。從2013年提出「一帶一路」合作倡議以來，中國已與100多個國家和國際組織簽署共建「一帶一路」合作文件，其中多邊或雙邊自由貿易協定有16個。中外經貿領域的自由化水平大幅度提高。「一帶一路」已經從理念轉化為行動，從願景變為現實。從曾經的駝鈴陣陣、舳艫千里，到如今的列車風馳，巨輪劈波，「一帶一路」之所以展現出強大

吸引力和感召力，不僅是因為賡續千年的絲路精神，更在於共商共建共享、互利共贏的原則。

11 月 11 日出版的德國《明鏡》周刊，在其封面文章中說，「中國崛起正在改變世界」，而「我們短暫的注意力被浪費在了每天關注白宮最新發生的尷尬事件上，這妨礙了我們看到源自中國的劃時代的轉移」。

兩天後出版的美國《時代》周刊，封面文章叫《中國經濟是如何做好贏得未來的準備的》。裏面說，五年前西方預言，中國一定會按西方的理念改革，否則無法在全球自由市場中生存，「如今，中國的政治和經濟制度已經更為完善」。

這算不算是來自西方輿論的，對新時代中國作的一個注腳呢？

2018 年

「大的樣子」

　　2018 年，中國共產黨已經有 8900 多萬黨員，相當於整個德國的人口。其規模和事業之宏大，在全世界絕無僅有。習近平說，「大要有大的樣子」。「大的樣子」，就是肩負為中國人民謀幸福，為中華民族謀復興的大使命、大擔當，面臨各種挑戰、風險和難關，有大作為、大定力。

　　2018 年也是中國的改革開放 40 周年。改革開放讓將近 14 億人口的中國，成了綜合國力排在世界前列的大國。大國，自然也有「大的樣子」。

　　圍繞「大的樣子」，2018 年的中國開始算賬了。

　　10 月，中國算了兩筆大賬。

　　國務院第一次向全國人大常委會報告國有資產的家底，包括國有企業、國有金融企業、全國行政事業單位，共有資產

454.5 萬億人民幣。

國務院扶貧辦宣佈，陝西延長縣等 85 個貧困縣（市、區）摘掉貧困帽子。打響脫貧攻堅戰以來，脫貧摘帽縣總數達到 153 個。預計到年底，全國將有一半的貧困縣實現脫貧。改革開放以來，有七億多人口先後擺脫貧困，是世界上減貧人口最多的國家。

還有一組數據，反映出改革開放 40 年來社會模樣和人民生活的躍進式變遷。

從 1978 年到 2017 年，全國城鎮人均可支配收入由 343 元增加到 36000 多元，農村居民人均純收入由 134 元增加到 13400 多元。基本醫療保險、社會養老保險從無到有，分別覆蓋 13.5 億人和 9 億多人。城鄉免費義務教育全面實現，高校畢業生從 1978 年的 16.5 萬增長到 2017 年的 820 萬。

不是專業的讀者，以上數據可忽略不看。但應記住的是，枯燥的數據，事實上是對「大的樣子」的一個準確壓縮。

「大的樣子」，從何而來？

來自改革。2018 年給人們印象很深的，是從中央到地方，各級黨政機構和事業單位，雷厲風行地開始了重塑性改革。不少機構或撤銷或合併或轉隸，像人們熟悉的國家工商行政管理總局沒有了，沒有聽說過的退役軍人事務部、應急管理部這樣一些部級機構出現了。工作崗位的進退留轉，涉及的公務員就更多了。

與此同時，建立企業職工基本養老保險金的中央調劑制度，使全國統籌養老保險邁出堅實一步；為適應新興經濟業態，新設了上海金融法院，北京知識產權法院，北京、廣州互聯網法院等；個人所得稅的起徵點，也從 3500 元提高到了 5000 元。考慮到不同納稅人的家庭實際生活負擔不同，國家還從子女教育、大病醫療、贍養老人、住房貸款利息和租金等項支出中，扣除相應的數額後再起徵個人所得稅。

這些新的制度設計，有助於促進國家治理體系和治理能力的現代化。改革，必然要經歷從激烈博弈到逐步均衡的過程。中國的發展難題很多，但並非無解。只有通過改革，才能破解難題，釋放活力，進一步成就中國「大的樣子」。

企業家的成長，民營經濟的發展，對構築中國「大的樣子」，功不可沒。但民營經濟的發展這兩年遇到的困難有目共睹，有人比喻，是被「市場的冰山」「融資的高山」「轉型的火山」這「三座大山」擋住了去路。困難在於，內外市場環境發生了變化，產業轉型和環保要求升級，土地人力疊加成本上升，債務壓力陡增而融資支持偏弱。有客觀原因，也有包括政策落實不到位等主觀原因。

11 月 1 日，習近平主持召開民營企業座談會，明確提出六條具體舉措，來幫助民營經濟跨越「三座大山」。他說，「民營企業和民營企業家是我們自己人」，因此，民營經濟「只能壯大、不能弱化」。毫不動搖地鼓勵支持引導非公有制經濟的發

展，是不會變也不能變的制度設計。

「大的樣子」，來自既「引起來」又「走出去」，與世界經濟發展潮流深度融合的開放國策。這年中國，擁有特別的開放氣度。

首先呈現在人們眼前的，是中國升級的開放版圖。從五年前創設上海自由貿易試驗區，到 2018 年，已經設立了 12 個自由貿易區。上海、廣東、福建、天津、浙江、遼寧自貿區，串起了沿海開放的新窗口；河南、湖北、重慶、四川、陝西自貿區，塑造着內陸開放的新高地；而海南島全島開放，設置自由貿易港政策和制度體系，將釋放出高水平的制度創新帶來的「開放紅利」。

這年公佈的外商投資准入的「負面清單」，比此前的 63 條減少了 15 條，在 22 個領域大幅度放寬外商投資准入，外資進入銀行、證券、電網和鐵路幹線路網建設等限制將逐步取消。許多進口商品，包括人們關注的進口汽車，也大幅度降低了關稅。

2018 年的世界貿易，危機四伏。面對美國貿易保護主義的進攻，11 月在上海舉辦的中國國際進口博覽會，帶給世界一陣驚喜。有 80 多個國家和國際組織參與了國家展，130 多個國家的 3000 多家企業參與了企業展。

在世界經濟史上，還沒有哪一個國家獨立舉辦過以進口為主題的博覽會。人們大都認為，貿易出口能更好地帶動本國經濟，而進口則要擔當責任，要有能力，有市場，有國民的消

費需求。中國舉辦如此大規模的進口博覽會，不僅為外國產品進入中國搭建了重要平台，也為世界各國開展全球貿易提供了新的選擇，體現了維護貿易自由和經濟全球化的大國擔當，當然，也體現了中國「大的樣子」。

再看看「走出去」的風景。

「一帶一路」建設，是中國「大的樣子」，在世界經濟舞台上投下的身影。中國同「一帶一路」相關國家的貨物貿易額，累計超過 5 萬億美元，對外直接投資超過 600 億美元，先後在「一帶一路」沿線國家建設了 82 個經貿開發區，為當地創造超過 24 多億美元的稅收和 20 多萬個就業崗位。引人注目的中歐班列累計開行超過 1.1 萬列，通達歐洲 15 個國家 44 個城市。一大批重點合作項目受到關注：中巴經濟走廊、瓜達爾港、中泰鐵路、匈塞鐵路、雅萬高鐵⋯⋯

有人批評說，中國在非洲投資建設，扮演着後殖民霸權角色。

事情果真如此？作為「一帶一路」建設組成部分，中國幫助肯尼亞修建了全長 470 公里的鐵路。在首都內羅畢到港口城市蒙巴薩列車的始發儀式上，肯尼亞總統肯雅塔說：「100 年前英國人創造了歷史，他們在這個國家搞殖民，修了一條哪也去不了的鐵路，被稱作『瘋狂快線』⋯⋯ 今天我們慶祝的絕不是『瘋狂快線』，而是將塑造肯尼亞未來 100 年的『馬達拉卡快線』。」「馬達拉卡」，在斯瓦希里語中是「自由」的意思。

共建一帶一路的倡議，源於中國，但機會和成果屬於世

界。中國不打地緣博弈的小算盤，不搞封閉排他的小圈子，不做凌駕於人的強買強賣。這是「大的樣子」的本來氣度。

成就中國之大的，還有科技這個「第一生產力」，人才這個「第一資源」。

除北京、上海、廣州、深圳早已佔據人才優勢外，南京、武漢、成都、天津、西安、長沙、海南等地，這年紛紛出台力度空前的措施吸引人才。於是，從送戶口、送房補，到發放高額專項補貼、免費租藉辦公區、提供永久居留權，「搶人大戰」，盛況空前。最後，連上海、北京這樣的特大城市，也坐不住了。為了扭轉人才「逆差」趨勢，上海對北京大學、清華大學的畢業生，也使出了送戶口的「殺手鐧」，一時引來社會輿論的議論紛紛。

互聯網的發展，是中國「大的樣子」的重要標誌。互聯網領域總是不斷上演着變局大戲，看誰能夠始終挺立潮頭去創新，把自己做大。在第二季度，中國的華為超越蘋果，成為全球第二大智能手機廠商。與此同時，一批全新社交媒體的崛起，開始挑戰微博、微信等老牌社交媒體的「江湖地位」。諸如做內容分發的「今日頭條」，短視頻 APP「抖音」和「快手」，網絡直播平台「虎牙」和「映客」，以及社交電商「拼多多」。這些「小巨頭」強勢增長，市值向數十億美元乃至百億美元的關口挺進。

互聯網領域很重要的創新，是用於創建去中心化數據庫的

「區塊鏈技術」。因具備分佈式、防篡改等特性，區塊鏈技術已逐步被應用於數字資產、物流信息、法務存證、支付清算等各個行業。3月，區塊鏈公司數量已達456家。有人說，區塊鏈技術將給人們在網絡上處理信息的方式帶來革命性變革。

「刷臉」走進無人超市，對着商品微笑就能打折；複雜的病症摸不着頭腦，遠程語音問診幫你推薦就診科室；來到智慧餐廳，只需掃碼，就會有機器人端來飯菜⋯⋯11月在烏鎮舉辦的第五屆世界互聯網大會上，互聯網、大數據、人工智能等現代信息技術，不斷取得突破，讓人感歎，數字經濟將越來越和社會生活的方方面面「親密接觸」。於是，大家在烏鎮共議「創造互信共治的數字世界」，商討「攜手共建網絡空間命運共同體」。

2018年的中國，大還大在對港澳台地區的包容性發展。為使港澳台同胞共享國家發展機遇，9月間，這三個地區在內地學習、創業、就業和生活，符合條件的人，可以申請辦理港澳台居民居住證。有了這個居住證，在內地可以依法享受勞動就業、參加社會保險、繳存提取和使用住房公積金等。在日常生活中，還能實現與大陸居民身份證的無差別體驗，比如，可以在網上直接刷取預訂的火車票或飛機票。在北京創業、就業的台灣青年，符合條件的還可以申請公租房。

也是9月，廣深港高鐵香港段正式運營。從九龍到深圳，車程只需19分鐘，香港網友說，屁股還沒有坐熱，就到內地了。如果再乘車北上，也只需要九個小時，便到了北京。

進入 10 月，又一項「世紀工程」，全長 55 公里的港珠澳大橋全線開通運營。一直以來，珠江西岸與香港之間因伶仃洋（沒錯，正是文天祥寫過「惶恐灘頭說惶恐，零丁洋裏歎零丁。人生自古誰無死，留取丹心照汗青」的那個「零丁洋」）相隔，拉遠了香港和珠海、澳門的距離。攤開新版珠江三角洲區域地圖，港珠澳大橋的出現，打通了粵港澳大灣區的道路交通網。香港到珠海、澳門的車程由 3 小時縮短到 45 鐘左右，使這片擁有 6000 萬人口的土地，形成了「一小時生活圈和工作圈」，為粵港澳大灣區更具活力的發展打開了無限可能。

有人說，港珠澳大橋是橋樑建設中的「珠穆朗瑪峰」，有人說是「現代世界七大奇跡」之一。「它就像一條巨龍，漂浮在海面之上，畫出一個優雅的弧形，超出人類的想象力。」德國《世界報》對港珠澳大橋的報道，更像一段散文詩。而中國人則把它比作圓夢橋、同心橋、自信橋、復興橋。

「有華人的地方，就有金庸的武俠。」在港珠澳大橋通車不久，金庸的去世，喚起幾代人的文化記憶。金庸在現代閱讀氛圍中，把武術、武德、武林與哲學、歷史、政治以及偵探、愛情融為一體，創造了一個有血有肉的江湖，一群有情有義的俠客，彰顯了一種有擔當有家國情懷的價值觀。他的小說風靡全球華人，被拍成 100 多部影視作品。連鄧小平，也是一個「金庸迷」。有網友這樣悼念金庸：「江湖已遠，俠義永存」；「俠之大者，為國為民」。

中國「大的樣子」，是靠不斷提升的文明素質構築起來的。

初春，生活在北京的一個出版社編輯，在地鐵上偶然發現一名青年在讀一本《禪與摩托車維修藝術》，順手拍下他讀書的照片。此後四個多月時間裏，她在上下班的地鐵上，陸續拍下百餘位讀者。媒體報道了她的「地鐵上的讀書人」系列，被爭相轉載。有老人在拿着放大鏡看太宰治的《斜陽》，有大腹便便的中年男子在讀《文明的衝突與世界秩序的重建》，還有「愣頭青」用電子閱讀器讀《毛澤東傳》。夏天，北京的《新京報》，還組織了一場叫「大國大民·改革開放40年40本書」的評選活動。

明星演員的畸高片酬，以及連帶牽扯出來的是否如實納稅的問題，因為一個大學教授的爆料，成為廣泛的社會話題。

湊巧的是，7月，總投資達到7.5億元人民幣的「大片」《阿修羅》，剛上映兩天就宣佈撤檔，原因是輿論對它的評價比較負面。作為魔幻片，它充滿特效、IP、明星、玄幻、奇觀等時髦元素，但就是沒有跨過「講故事」的基本關口。

看來，想靠一兩個明星帶票房，或者指望某個新奇元素創造奇跡的電影時代，就要過去了。中國觀眾對電影內容的識別能力在增強，文化和審美品位在提高。他們愛看接中國人地氣的作品，好萊塢電影在中國電影市場上，也逐漸失去了曾經的魔力。

到7月，中國內地這年上映的票房超過30億的六部影片，

全部是國產片。排在首位的《我不是藥神》，講述的是一個小藥店老闆從印度走私仿製藥，銷售給中國癌症患者的故事。恰巧，從 5 月 1 日起，中國實際進口的全部抗癌藥品，實現了零關稅。這對癌症患者來說，真是個天大的好消息。

推動構建人類命運體，做全球治理變革進程的參與者、推動者和引領者，並且信守條約承諾，成就了中國「大的樣子」。

國際交往離不開條約和協定。目前所知世界上最早的條約，是公元前 1296 年埃及法老與赫梯國王訂立的同盟條約。1648 年的《威斯特伐利亞和約》規定，神聖羅馬帝國皇帝將其權力下放給西歐各個封建王國，由此出現主權國家的概念，成為近代國際體系的開端。

從新中國成立到 2018 年，中國對外締結了約 25000 多項雙邊條約協定，參加了 500 餘項多邊條約協定的簽署。有人統計過，現在一個大國與其他國家締結的條約協定數目，平均每天超過 1 個。僅 2017 年，中國對外締結的涉及貿易、投資、科教、文化、環境等各類條約協定或合作文件，便達到 500 多項。2018 年召開的中非合作論壇北京峰會期間，中國就安排了 42 場簽字儀式，簽署條約及其他合作文件近 150 份。

簽訂各種條約協定，見證了中國大起來的步伐，使中國在國際體系中扮演的角色，從「旁觀者」變為「參與者」，進而成為構建人類命運共同體的積極「推動者」和「貢獻者」。條約規範的對象也不斷擴展，從南極到北極，上至外空下達洋底，大

到維護和平，小到保護稀有物種，涉及政治經濟文化社會生態各個方面。

簽訂條約協定是一回事，能不能遵守是另一回事。一個負責任大國的形象，根本上是靠能不能遵守條約協定塑造起來的。中國在國際事務中一貫遵諾守信，被稱為「模範生」，贏得國際社會尊重。反觀美國，因為既大且強，就有些任性。這兩年頻繁「退群」「廢約」，引發國際社會憂慮。

中國「大的樣子」，還被放在了「世界百年未有之大變局」的天秤上來衡量。

目前世界的變局之大，在於技術革命中的智能浪潮，正在以前所未有的速度，改變着人類的運行邏輯和國家治理方式；在於新興發展中國家的分量，讓幾百年來一直佔據世界舞台中心的西方國家，覺得需要調整其國際戰略了；在於不少國家特別是西方國家民粹主義和貿易保護主義盛行，逆經濟全球化趨勢上揚；在於 20 世紀人們預言的，「21 世紀將是太平洋的世紀」這個趨勢，越來越明顯了。

變局帶來不同力量的加劇博弈，也意味着還沒有形成定局，是個變數。這年攪動中美兩國人心、引起世界普遍擔憂的中美兩國貿易爭端，就是這樣的變局。

在這場變局中，中國「大的樣子」，在於它擁有順應時代潮流的大局觀，體現出罕見的信心和定力。美國發動這場貿易戰，明面上的理由，是中國對美貿易的順差，讓他們覺得吃了

虧。人們心裏清楚，根本上是因為你在經濟體量上的增長，不僅使別人覺得在經濟上不合算，在其他方面似乎也不合預期，感覺不舒服。看待你的眼光，以及對中國提出的要求，與對中國的競爭態勢及其博弈手段，對中國訴求及發展前景的疑懼和防範，都日益複雜和尖銳起來。其表現形式儘管大多是貿易爭端這類戰術性騷動，但實際上是一種戰略性焦慮。

中國的態度很明確，要力爭在大變局中前行而非倒退。於是，人們看到，面對「逆全球化」趨勢襲來，中國在 2018 年的改革開放舉措，維護經濟全球化的力度，似乎比以前要「來得更猛烈一些」。門，不僅沒有關上，反而開得更大了。

這是一種大的清醒，大的從容，大的選擇。

總歸是大在自信，大在定力。

中國作為發展中大國，註定面臨着解決不完的問題。「大的樣子」，不僅在於氣勢之壯、目標之大，也在於挑戰之巨、風險和困難之大。在走向未來的過程中，那種風雨無阻的壯闊行程，也會呈現出「大的樣子」。

2019 年

在路上

　　新年頭天晚上，習近平在新年賀詞裏說道：「這個時候，快遞小哥、環衛工人、出租車司機以及千千萬萬的勞動者，還在辛勤工作，我們要感謝這些美好生活的創造者、守護者。」國家主席和正在工作路上奔忙的普通勞動者，心是相通的。

　　新時代中國，許多人的勞動方式發生變化，出現各種新的就業生態，諸如開滴滴、送外賣、做代駕，更有習近平專門談到的滿大街可見的「快遞小哥」。2019 年初，根據美團發佈的《2018 年外賣騎手就業報告》，有 270 萬騎手在美團外賣獲得收入；蘇寧發佈的《2018 年快遞員群體洞察報告》表明，物流全行業有超過 300 萬的快遞員；在滴滴出行平台獲得收入的人，甚至達到上千萬人之多。這類工作方式相對自由，收入也不算低，只要夠勤快，在一二線城市，月均收入在 5000 元以上，而

滴滴司機的月均收入則可達到 7000 元以上。

勞動者們的付出，更讓人心生敬意。正好是元旦這天，在河北省邢台市臨西縣老官寨倪莊村，不少奔馳在各地的貨車司機前來為他們的同行倪萬輝送葬。幾天前，倪萬輝夫婦在前往西藏送貨的路上，在某短視頻平台上直播了一起吸氧的畫面，還配有文字感歎：「青藏線不易。」直播停止後，好友發現他們的定位長時間沒有移動，最終選擇報警。一時間，這段視頻的點擊量超過 900 萬，大量網友的留言，送出對普通勞動者在路上奮鬥的溫暖。

2019 年，中國在路上的故事很多，可先從起勢不凡的太空說起。1 月，北斗三號衛星基本系統完成建設，其服務範圍由區域擴展到全球，已走進「一帶一路」的眾多國家，使人類各個角落的聯絡之路不再遙遠。北斗三號採用了很多新興技術，例如構建衛星之間互相聯繫的星間鏈路系統，可以讓衛星互相「打電話」，使衛星定位精度處於全球先進水平。

在路上的中國還「走」到了月球背面。1 月 3 日那天，嫦娥四號探測器在月球背面成功着陸。它傳回來的第一張影像圖，揭開已經形成 45 億年左右的月球背面的神祕面紗。因為屏蔽了來自地球的無線電干擾，那裏始終是寂靜之地，沒有任何信號和探測器到達過。要控制着陸器和月球車，只能通過此前中國發射的繞月球軌道運行的專用衛星「鵲橋」中轉指令和數據。嫦娥四號還搭載了土豆、擬南芥、油菜和棉花種子，以檢驗能

否在月球表面低重力條件下的封閉環境中生長。1月15日發回的照片顯示，棉花種子已經長出了嫩芽。中國人還給「走」出嫦娥四號的月球車起了一個溫馨的名字，叫「玉兔二號」。接下來，它將身臨其境地蒐集着陸區域的地形地貌和地質結構等方面的數據。

探測月球，是為了維護好人類生存的地球。春節期間放映的科幻電影《流浪地球》，講述了人類和地球在路上驚心動魄的故事。由於太陽迅速擴張，將要毀滅地球，人類決定帶着地球在宇宙中流浪，尋找新的太陽系。不久，人們發現地球又將與木星相撞，最後被一名中國年輕人及其宇航員父親拯救了。這部影片在中國大陸上映66天便獲得46.54億元的票房收入。它不僅標誌着中國電影工業體系正走向成熟，也表明中國電影開始聚焦人類命運共同體的價值觀。人類和地球始終相伴在路上，那是我們永遠的家園。

在新時代中國的前進路上，曾飛來一些意料之外的「黑天鵝」，也跑來一些意料之內的「灰犀牛」。「黑天鵝」可以敦促我們改變現狀，「灰犀牛」則表明我們期待的有準備的改變已經發生。改變能警醒人們，世事未必如願；也能激勵人們，行動刻不容緩。

美國發起的中美貿易衝突，依然是2019年中國乃至世界都極具流量的焦點。中國依然淡定從容，因為這是新時代中國在路上的必然遭遇，是新興國家由大而強必然經歷的風險和挑

戰。於是，人們把這場路上的遭遇當作一次「壓力測試」。

這一測試，無意中為走在網絡通信基礎設備研發前列的中國華為公司，做了無論花多少錢都換不來的全球大廣告。儘管美國對華為極限施壓，還滿世界遊說不要用華為產品，但從華為老總任正非數度接受媒體的採訪言論中，人們看到的是理性和自信。華為站住了，並且會繼續發展，這使更多的中國人接受了一種觀念上的洗禮：在引進高新技術上不能抱任何幻想，如果核心技術不能自主可控，人家會隨時卡你脖子。華為的抗壓能力來自罕見的開放胸襟，來自永遠在路上的研發投入和開拓前行。

中美關係的複雜性超出了人類歷史上大國關係的經驗，這個過程註定漫長和充滿煎熬。但是，在百年未有之大變局時代，已經沒有任何外部力量能夠主導中國的命運。中國始終明白一個道理：一切都要靠把自己的事情做好，無論改革還是開放，無論大事還是小事。

6月6日，中國移動、中國聯通、中國電信和中國廣播電視網絡有限公司正式獲得 5G 牌照，標誌着 5G 網絡商用正式開始，中國進入讓人充滿想象的 5G 時代。5G 網速有多快？下載一部 10 個 G 的視頻僅需 9 秒。5G 對人們生產生活之路的改變，當然不只在速度。

在路上起起伏伏的中國資本市場，7月間增添一道新風景：意在支持高新技術和戰略性新興產業的「科創板」，在股票市場

開市。這是實施創新驅動發展戰略、深化資本市場改革的重要舉措。與現行的主板、創業板、中小板相比，科創板還實行了從審批上市制到註冊制、嚴格退市制度、簡化退市流程等方面的改革。

這年，中國踏上一條更寬闊和更深刻的開放之路。3月間的全國人民代表大會通過的《外商投資法》，對所有的外資企業實行准入前國民待遇加負面清單的管理制度。也就是説，外商投資企業將不再需要經過專門的審批，只要經營行業不在負面清單之內，就可以註冊登記，中國企業什麼待遇，它就有什麼待遇，可以公平參與政府採購活動。這年，中國還發佈了外商投資准入更新後的負面清單，減少了負面清單上的8項條目，意味着更多的行業領域擴大了對外國企業的開放程度。

在改革開放路上的中國，走得很有氣魄。2月間公佈的《粵港澳大灣區發展規劃綱要》，在廣東9個城市、香港和澳門兩個特別行政區，吹響了向世界級城市群進發的號角。和紐約、舊金山、東京世界三大灣區比較，粵港澳大灣區的奇特之處在於，它是在「一個國家、兩種制度、三個關稅區、三種貨幣」的特殊條件下起步的，其涵蓋面積相當於克羅地亞，擁有約7000萬人口，超過英國。如果將它看成一個單獨的經濟體，其經濟總量將進入世界前15位。

上年開始的黨和國家機構改革，到這年上半年便全部到位，體現出改革路上雷厲風行的風格。這場改革，在中央層級

涉及 80 多個部門，180 多萬人，調整優化了 31 個部級機構，核減部級機構 21 個，精減內設機構 107 個，取消了 58 個正副部長、25 個部長助理和 274 個司局長崗位。31 個省市自治區，也相應減少 1501 個廳局級黨政機構、5362 個處級黨政機構。

改革之路，也是民生發展和社會建設之路。2019 年，走在這條路上的人們，感受到更多的進步細節——

國家上年為企業和個人減稅降費 1.3 萬億元人民幣，使 2019 年上半年的消費增長對經濟增長的貢獻率突破 60%，靠內需拉動經濟發展的勢頭開始形成。10 多億手機用戶終於能夠「攜號轉網」了，可以保持老號碼更換新的運營商，再也不用群發「本人手機號碼已更換」之類的信息。隨着《電子商務法》的實施，以前遊走在灰色地帶的微商和代購們，開始了規範化經營，用戶也不至於被「朋友」坑了無處討公道。上海率先對垃圾處理強制分類，網上傳播的一個段子反映了市民對垃圾分類最初的迷茫，「豬吃的垃圾是濕垃圾，豬不吃的是乾垃圾，豬吃了會死的是有害垃圾，可以拿去換豬的是可回收垃圾。」其他 46 個重點城市也紛紛為垃圾強制分類做準備，這將是提升居民環保觀念、改變人們生活習慣的漫長過程。國家實行第 9 次特赦，和以往相比，這次特赦對象新增加了中華人民共和國成立後，為國家重大工程建設做過較大貢獻並獲得省部級以上「勞動模範」「先進工作者」「五一勞動獎章」等榮譽稱號、系現役軍人並獲得個人一等功以上獎勵、因防衛過當或者避險過當被

判處三年以下有期徒刑、喪偶且有未成年子女或者有身體嚴重殘疾生活不能自理的子女確需本人撫養的女性，這些條件，傳遞出滿滿的正能量和人道關懷。

作為新時代中國道路的引領者，中國共產黨在 2019 年的自身建設，也深入到更多的細節處。全黨開始進行「不忘初心、牢記使命」主題教育。安徽省阜陽市在脫貧攻堅上搞形式主義和官僚主義，受到全黨通報。該地要求道路兩側樹木刷灰、牆體刷白，雖沒有向農民要錢，但村民還是不解，有人說：「本來我家窗子乾乾淨淨的，他們噴牆把我家窗子噴得都是白漆，上面一檢查不合格，又派來工程隊刮窗子。一年又刷又刮來了 4 次，這不費錢嗎？」有個區的扶貧工作領導小組辦公室，預算 60 萬元做一部脫貧摘帽的「宣傳片」。人們認為，這無非是想把這些年扶貧成績展示一番，可無論從現實還是常識角度看，還沒有脫貧的地區，真的需要宣傳片來展示脫貧辦法嗎？還有，中央決定把 2019 年搞成「基層減負年」，定了些硬杠杠。比如，要層層大幅度精簡文件和會議，明確發給縣級以下的文件、召開的會議要減少 30% 至 50%；中央印發的政策性文件原則上不超過 10 頁，地方和部門也要按此從嚴掌握。

這年 7 月，走了 5000 年文明道路的中國，又有一方腳印被聯合國教科文組織世界遺產委員會列入《世界遺產名錄》，這就是位於杭州市區西北部的「良渚古城遺址」。良渚古城是 5000 年前中國最大的都城，是分佈在錢塘江流域和太湖流域的良渚

文化的代表。良渚文化距今 5300 至 4500 年左右，那時，農業已率先進入犁耕稻作時代，普遍使用石犁、石鐮。手工業趨於專業化，一些雕琢複雜而精美的大型玉禮器的出現，揭示出中國禮制社會的序幕。貴族大墓與平民小墓的分野，顯示出社會分化的加劇。玉器和陶器上還出現了不少刻畫的符號，是早期文字雛形，比甲骨文早 1000 至 2000 年。

也是在 2019 年，北京在召開第二屆「一帶一路」高峰論壇之後，又舉行了亞洲文明對話大會，主題是「亞洲文明交流互鑒與命運共同體」。中國美術館舉行的「亞洲文明聯展（藝術展）：大道融通——亞洲藝術作品展」，一件來自以色列的兩個人面對面席地而坐的雕塑引人注目。二人目光對視，無數絲線將兩者連接在一起，表達出平等的交流、多維的聯繫與深刻的交融的寓意。亞洲的文明底色讓這片土地上的人引以為榮，世界 2/3 的人口、1000 多個民族、47 個國家聚集於此，成為多種文明和諧共生的代表性地區。中國和亞洲各國，有條件成為多種文明互鑒交融的示範性地區。

新中國的腳步，是從 70 年前的 1949 年邁起的。往回看去，那年的中國，是當時世界上最貧窮的國家之一。根據聯合國「亞洲及太平洋社會委員會」的統計，那年中國人均國民收入 27 美元，不足整個亞洲平均 44 美元的 2/3，不足印度 57 美元的一半。2019 年上半年，中國大陸居民人均可支配收入 15294 元人民幣，全年超過 3 萬元人民幣，達到 4500 美元，是

可以確定的。也是從 2019 年起，中國向聯合國繳納的會費和國際維和攤款的份額，分別達到 12% 和 15.2%，成為僅次於美國的第二會費「大戶」。輿論認為，這體現了大國擔當，也表明中國的發展進步和國際影響力的上升。

2019 年的中國還在路上。成立 70 周年的新中國還在路上，而且永遠在路上。在路上，就有風景，也有坎坷。有能力的人走得快，能帶來驕傲；有定力的人走得遠，能實現目標；更重要的是，只要路走對了，誰都不怕遠。

後 記 ⟶

　　1949 年中華人民共和國成立後，中國人便習慣把自己的國家稱作新中國。

　　「新中國」這個說法，早在 1902 年就出現了。那年，梁啟超在《新小說》創刊號上發表小說《新中國未來記》，以倒敘方式描繪 60 年後的中國模樣。也是在這一年，梁啟超還率先使用了「中華民族」這個概念，無意中，把中國的未來和中華民族的命運聯繫在了一起。

　　未來的新中國將會是什麼模樣呢？無獨有偶，一位叫陸士諤的文化人，緊隨梁啟超之後，發表幻想小說《新中國》，裏面甚至設想到黃浦江大橋、浦東開發和上海地鐵這樣一些在今天已經完全做到的事情。

　　從想象到現實的延伸邏輯，竟這樣奇妙，這樣有味道。

新中國成立 70 周年了。70 年的歷史進步和社會變化，早已實現並且超越了前人的執着想象。新中國將「新」在哪裏？擺在後人面前的問題，是怎樣把新中國之「新」，呈現得更為清晰，更有歷史感。

　　新中國前行的步伐，既以波瀾壯闊的宏大敍事展現在人們面前，同時也會分解成每一代人和各種不同群體的具體故事及感受。本書把這兩方面結合起來，為每個年度找出相應的主題詞，採用年度紀事的方式來描述。嘗試這種新的寫史角度，是希望有益於人們更真切地辨析，新中國一步步走到今天的歷史腳印。

陳　晉

2019 年 7 月 15 日

新中國極簡史

1949—2019 的年度故事

陳晉 著

責任編輯　王春永
裝幀設計　林曉娜
排　　版　黎　浪
印　　務　林佳年

出版　　　開明書店
　　　　　香港北角英皇道 499 號北角工業大廈一樓 B
　　　　　電話：(852) 2137 2338　傳真：(852) 2713 8202
　　　　　電子郵件：info@chunghwabook.com.hk
　　　　　網址：http://www.chunghwabook.com.hk

發行　　　香港聯合書刊物流有限公司
　　　　　香港新界荃灣德士古道 220-248 號
　　　　　荃灣工業中心 16 樓
　　　　　電話：(852) 2150 2100　傳真：(852) 2407 3062
　　　　　電子郵件：info@suplogistics.com.hk

印刷　　　美雅印刷製本有限公司
　　　　　香港觀塘榮業街 6 號海濱工業大廈 4 樓 A 室

版次　　　2020 年 12 月初版
　　　　　© 2020 開明書店

規格　　　32 開（210mm×148mm）

ISBN　　　978-962-459-074-6